PAZZ
E'
TE
PUR AJER
PASSAT
IO SO
QUANDO

'87 MAMMA LINA

ANGELO TORTORA ROBERTO TORTORA

PASTA CON AMICI

WIE DIE NUDEL AUF DIE GABEL KAM UND
DIE BESTEN NUDELREZEPTE AUS DEM SÜDEN ITALIENS

DIE ORIGINAL-REZEPTE AUS DEM '87 MAMMA LINA

team tietge.

PARADISE
98

NEAPOLITAN
EXPERIENCE
RISTORANTE
PIZZERIA
Casa Tattino
Casa Tattino
GELATI
APERITIVI
GRANITE
BRIOCHE
FRAPPÈ
CAFFÈ

WILLKOMMEN **IN UNSERER WELT**

Es fühlt sich total verrückt an, dass jetzt schon unser zweites Buch erscheint. Kaum ein Jahr nach Pizza con Amore, das von so unglaublich vielen Menschen in ganz Deutschland regelrecht verschlungen wurde. Einfach krass, wie schnell die erste Auflage ausverkauft war und was für ein tolles Feedback uns erreicht hat. Es ist so schön zu spüren, dass wir mit unserer fancy Küche so viele Menschen begeistern und inspirieren konnten!

Es hat nicht lange gedauert, da kamen die ersten Gäste und Leser auf uns zu und meinten: „Könnt Ihr nicht auch ein Pasta-Buch schreiben?" Mit Rezepten, die einerseits easy gelingen und schnell gehen, die aber genauso gut schmecken wie im Mamma Lina oder in Napoli entlang der Hafenpromenade?

Nun: Here we go! Hier kommt Pasta con Amici, unser Buch mit den besten Nudelrezepten aus dem Süden Italiens. Viel Napoli, viel Tradition – aber natürlich auch viele neue Kreationen und Ideen. Und: Ganz einfach daheim hinzubekommen. Bei unseren Pasta-Rezepten ist es allein Eure Entscheidung, ob Ihr den Teig nach unseren Rezepturen selber machen wollt oder einfach mit gekauften Nudeln arbeitet. Es wird in jedem Fall lecker!

Gleichzeitig soll dieses Pasta-Buch nicht einfach nur eine Rezeptsammlung sein, sondern auch unsere Dankbarkeit und unseren Respekt für unsere Familie ausdrücken. Denn: Ohne unsere Eltern Carmine und Petra oder ohne die überlieferten Rezepte von Nonna Lina wäre das alles hier nicht möglich. So aber ist uns und unserem Team das Mamma Lina Heimat und Hauptquartier, um von hier aus die besten neapolitanischen Rezepte mit neuen Ideen weiterzuentwickeln und zu zeigen, dass es viel mehr gibt als immer nur Bolo …

Euch da draußen wünschen wir jetzt aber erst einmal viel Spaß mit Pasta con Amici und gutes Gelingen. Wenn Ihr Lust habt, postet Eure Ergebnisse mit dem Hashtag #87mammalina und lasst uns wissen, wie es Euch geschmeckt hat! Danke für alles! Wir lieben Euch!

Angelo und Roberto Tortora,
September 2023

YOU ARE THE SUNSHINE
UN GIORNO ALL'IMPROVVISO MI INNAMORAI DI TE.
VOLO
FIORI
NAPOLI
SPIEGAME CHERE CA NUN ME FA STA MAJE LUNTAN A TE

MIT DEN TORTORAS UNTERWEGS IN NEAPEL

WIE DIE NUDEL **AUF DIE GABEL KAM**

Neapel ist laut und hektisch und wuselig und überhaupt: Eine fantastische Stadt, in der wir unsere Entdeckungsreise in Sachen Pasta liebend gern beginnen und dabei lernen, dass wir König Ferdinand IV. auch nach 200 Jahren noch dankbar sein sollten …

Neapel. Hier leuchtet der Mond wie eine Pizza, hat Dean Martin einst mit weicher Stimme gesungen. „That's Amore." Die Liebe glüht in der Stadt am Vesuv auch für Pasta. Historische Gemälde und moderne Graffiti erzählen von einem riesigen Appetit: Mit den Händen schlemmende Neapolitaner, oft mit einer Karaffe Rotwein zu Füßen. Den Kopf im Nacken, die Makkaroni mit der Hand wie Trauben zum Mund geführt – anderswo unvorstellbar! Oder kennt jemand ein Weißwurst-Graffiti in München, ein Flammkuchen-Monument in Straßburg?

Die ersten echten Makkaroni Süditaliens wurden in Kampanien im 16. Jahrhundert hergestellt, als die Mühlen auf beiden Hängen der Monti Lattari bei Gragnano entstanden. 1807 erschien in einem Kochbuch ein Rezept für „Maccaroni alla Napoletana" und auch die „Spaghetti al pomodoro" stammen aus Neapel. Der Nudelkonsum hier in Kampanien ist noch heute rund 30 Prozent höher als im italienischen Landesdurchschnitt. Und wie die Nudel auf die Gabel kam, ist neapolitanische Heimatgeschichte. Kommt gleich als dolce.

Zurück ins Hier und Jetzt, ins Neapel im August 2023: Die emotionale Eruption der Stadt nach dem Gewinn der italienischen Fußballmeisterschaft ist noch immer nicht erloschen. „I campioni d'Italia" ist überall zu sehen. Und Maradona. Der Heilige prangt an mehr als nur einem Haus. Es gibt ihn auf Shirts, auf Fahnen, als Mural auf Fassaden. Am Golf von Neapel, der die Stadt zusammen mit Sorrent, der Amalfi-Küste und Capri zum Teil einer paradiesischen Region macht, vergisst man die Toten nicht. Banner und Fahnen in der azurblauen Farbe der Società Sportiva Calcio Napoli hängen zu Tausenden über den Straßen und an Balkonen der Hochhäuser, auf deren Dächern die Satellitenschüsseln so chaotisch wirken wie der Verkehr auf den Straßen.

„Hektik steht quasi an jeder Hauswand", sagt Roberto Tortora, der mit seinem Bruder Angelo

Willkommen in Gragnano, Europas Pasta-Hauptstadt. Hier sind einst die Makkaroni erfunden worden. Bis heute entwickelt man hier die Nudel weiter und ist stolz auf diese Tradition

Wenn das mal kein Postkartenmotiv ist? Einfach herrlich, dieser Ausblick auf die Küste vor Neapel! Und im Hintergrund: der Vesuv

in der Woche von Ferragosto dem Geschmack und der Geschichte der Pasta in und um Neapel nachspürt.

Aus dem Autoradio scheppert derweil ein Sommerhit. „Ferragosto alla porta" brüllt der Moderator und wir merken: In Neapel schreien nicht nur die Fischhändler, wenn Ferragosto, also Mariä Himmelfahrt, vor der Tür steht. Der Puls ist aber immer erhöht. Eine Vespa mit einem jungen Paar, das Mädchen auf dem Sozius in weißer Bluse, kurzem Rock und einem Helm in den italienischen Nationalfarben, überholt rechts und auf engstem Raum zwischen zwei Autos. Neapel, dessen Takt durch stündlich gekippte, tiefbraun-schwarze Espressi vorgegeben wird, die Zucker benötigen, um nicht von ihnen in die Knie gezwungen zu werden, scheint nichts zu fürchten. Weder den eigenen Bluthochdruck noch den Vesuv.

Vor einem Jahr waren die Tortora-Brüder bereits für „Pizza con Amore" in der Stadt, in deren Nähe, an den Hängen des Vesuvs, ihr Vater Carmine aufgewachsen ist. „Wir sind Schwarzwälder", sagen Angelo und Roberto. Mit neapolitanischer Leidenschaft für Fußball, für gutes Essen und großartige Küche. Als der SSC Neapel im Mai 2023 Meister wurde, boten sie in ihrem Restaurant, dem nach der Oma

und dem Gründungsjahr getauften ’87 Mamma Lina, in Baden-Baden Pizza Margherita für vier Euro zum Abholen an. Ein Jahr lang feiern sie jeden Donnerstag den Meistertitel mit Margherita zum Schnäppchenpreis. Rund 600 Pizzen hauen sie hierfür neben dem Alltagsgeschäft aus dem Ofen – Woche für Woche. „Aufs Jahr gerechnet dürften es mehr als 30 000 werden“, sagt Angelo, der gern freudestrahlend ein Bild macht und postet, wenn zwischendurch ein Fan im Napoli-Trikot seine Margherita abholt …

Dass es in der Küche dabei auch mal so richtig brummt und fast hektisch wird, stört die Tortoras nicht. Mit neapolitanischem Blut kann man das ab, auch wenn es in Baden-Baden nie so chaotisch ist wie in der Stadt am Golf, in der man eher improvisiert als organisiert.

Und doch köchelt es in der Küche der Tortoras in Baden-Baden wundervoll neapolitanisch. Rezepte, Produkte, italienische Wortfetzen, Hitze und rechts oder links vorbei, wie einst Maradona auf dem Platz oder wie die Fahrzeuge auf Neapels Straßen. Das Geräusch der großen Kaffeemaschine erinnert an das ständige Gehupe und auch das geht nicht mehr aus dem Kopf. Dazu der Geruch von Benzin und Meeresluft. Der Duft aus den Küchen und offenen Fenstern. Neapel als riesiges Speiselokal.

Die alte Heimat: Carmine Tortora zurück in Neapel – da kann man auch mal ein paar Anekdoten erzählen

Unverzichtbar: ein schneller Espresso in einem der vielen kleinen Cafés, die allesamt einen wirklich großartigen Kaffee aus ihren Siebträgermaschinen pressen

Kurze Pause: Roberto an der Uferpromenade – mit dem Vesuv im Rücken

> „ESSEN IST EBEN **MEHR ALS NUR EIN BEDÜRFNIS** – UND DAS WIRD NIRGENDS MEHR GELEBT ALS HIER IN NEAPEL!"

Streetfood, Fingerfood, vom Kuhmagen bis zum frittierten Krapfen mit Nutella und Restaurants aller Art. Nicht einfach für die Tortoras, sich auf ihrer Reise zu entscheiden. Da bleibt immer ein Gefühl, lieber irgendwo anders gegessen zu haben. Die Lust zu essen gibt hier den Ton an. Vor Lokalen anstehen gehört dazu wie im Stau zu stehen, aber wenigstens bleibt dabei Zeit, um ein paar Anekdoten auszutauschen. Zum Beispiel die von der Nudel, die es erst in Neapel so richtig auf die Gabel geschafft hat.

Denn klar: Mit den Fingern essen war früher gang und gäbe. Der römische Dichter Ovid beherrschte mit seinen Anweisungen lange die Tischetikette italienischer Tafeln. Er empfahl, feste Speisen mit den Spitzen von Zeige-, Mittelfinger und Daumen der rechten Hand zu greifen und sie so zum Mund zu führen. Drei Zacken also.

Im Sommer des Jahres 1004 aber heiratete die byzantinische Prinzessin Maria Argyropoulaina den Dogen Pietro Orseolo II. Die Prinzessin weigerte sich, beim Hochzeitsbankett mit den Fingern zu essen und sie sich schmutzig zu machen. Stattdessen griff sie zu einem Werkzeug, das sie aus ihrer Heimat mitgebracht hatte: zwei längliche, spitze Zacken an einem schmalen Stiel. Die pirôn, so hieß die erste Gabel, fand Sympathisanten am Hof, doch die Kirche wusste ihre Ausbreitung zu bremsen. So nannte etwa der später heiliggesprochene Kirchenlehrer Petrus Damiani das Tischwerkzeug eine teuflische Erfindung und sah die Gabel als „sündhafte Verweichlichung".

Erst Ferdinand IV., König von Neapel aus dem Haus der Bourbonen, brach im 18. Jahrhundert den Bann. Der Pasta-Liebhaber mochte besonders gern dünne Spaghetti – mit Knoblauch und Öl mariniert. Diese „Vermicelli alla Borbonica", heute als Aglio Olio e Peperoncino bekannt, waren mit Fingern kaum zu essen. Da der Bourbonen-König größere Probleme beim Essen seiner Nudeln hatte als Angst vor der Kirche, brach er den Bann. Sein kreativer Kammerherr Gennaro Spadaccini passte dann noch die Gabel der königlichen Leibspeise an – und heute sind weder vierzinkige Gabeln noch Aglio Olio e Peperoncino von unseren Tischen wegzudenken.

Bei diesem Pastagericht hängt viel von der Qualität der wenigen Zutaten ab und auch das ist irgendwie typisch für Kampanien, wo man ganze Abende darüber diskutieren kann, wer denn nun den wirklich besten Mozzarella macht, wo es die aromatischsten Tomaten gibt oder wer die frischesten Vongole hat. Essen ist eben mehr als nur ein Bedürfnis – es ist eine Leidenschaft, von der man hier nie satt wird.

Benvenuto di Napoli – mit Impressionen aus der Altstadt, vom heiligen Maradona und aus dem nahen Pompeji mit der Wallfahrtsbasilika Unserer Lieben Frau vom Rosenkranz, an der die Tortoras nie vorbeikommen

Auf Holzstäben wie diesen trockneten in Gragnano früher die Nudeln – und das vor jedem Haus

ZU BESUCH IN ITALIENS BESTER PASTA-MANUFAKTUR

DAS WEISSE GOLD **AUS GRAGNANO**

Italiens beste Pasta findet man in einem kleinen Nest zwischen dem Vesuv und Neapel. Gragnano hat den perfekten Wind, das richtige Wasser und tüchtige Typen, die immer neue Formen kreieren und genug Geduld haben, handwerkliche Pasta in Perfektion herzustellen

Eine Autostunde von Neapel entfernt, an den Hängen der Monti Lattari, liegt Gragnano. Während sich der Autoverkehr am Tag vor Ferragosto Richtung Sorrent staut, ist die enge Straße in die Berge kaum befahren. Die Fahrt öffnet den Blick aufs Meer und auf Castellammare di Stabia, das als Stabiae beim Ausbruch des Vesuvs 79 n. Chr. wie Pompeji und Ercolano zerstört wurde. Die Bewohner suchten damals Schutz in Gragnano – so weit reicht die Geschichte der Cittá della Pasta zurück.

Über die Via Roma geht es in die Stadt mit ihren rund 28 000 Einwohnern, 30 Pizzerien und acht großen Nudelmanufakturen. Früher, so heißt es, waren hier alle im Pasta-Business und haben Teig geknetet, Nudeln geformt und auf Holzleisten in den Wind gehängt. Die Via Roma ist Historie. Wie die antiken Wasserquellen, die Mühlen und der von Neapel und dem Meer kommende Wind, der auf die 1444 Meter hohe Gebirgsgruppe zieht. Das perfekte Mikroklima für Pasta.

Ciro Moccia trägt auch im Dezember ein dünnes Hemd wie am heutigen Tag. Nur im Januar und Februar sei es etwas frisch, sagt er. Die Familie Moccia, neben Ciro die drei Geschwister Antonino, Marianna und Susanna, führen in dritter Generation La Fabbrica Della Pasta di Gragnano. Mit Ciros Sohn Mario ist bereits die vierte Generation an der Nudelpresse. Obwohl um Ferragosto in ganz Italien fast alle Arbeiten eingestellt sind, die Nudelfabriken in Gragnano eingeschlossen, und das pralle himmlisch-irdische Leben gefeiert wird, öffnen die Moccias ihre Tore in einer engen Seitenstraße im Zentrum der Stadt.

Die Stadt der Nudeln zeigt schon bei der Einfahrt ihre Kalorien. Auf die Fläche von sieben Quadratkilometern bezogen, gibt es in ganz Italien nicht mehr Pasta-Produzenten als hier. „La Cittá della Pasta" steht über einem riesigen Bild an einer Hauswand, das wohl Alberto Sordi beim Spaghettiessen zeigen dürfte, aber das nur am Rande.

Nächste Seite: Angelo Tortora und Nudel-Macher Ciro Moccia in der Fertigung der Fabbrica della Pasta di Gragnano, in der auch XXL-Formen wie dieser Stern hergestellt werden – sehr zur Freude von Mamma-Lina-Küchenchef Michele Arsuto, den die schweren Bronzeformen faszinieren

MONCLER

'87
CAPUTO

La Fabbrica della Pasta di Gragnano ist nicht nur eine Manufaktur mit fast manischem Qualitätsanspruch, sondern beherbergt auch ein kleines Pasta-Museum mit Gerätschaften, Werkzeugen und Maschinen aus den vergangenen 200 Jahren. Im vorderen Bereich des kleinen Museums mit Glasfront für den Blick aufs Meer glänzen weißgoldgelb die fertigen Produkte. Schmuck verpackt mit Gragnano in goldenen Lettern. Dritte und vierte Generation „di Pastai“ steht auf den Packungen. Und: „Emozioni di Famiglia.“

Eine nahe der Eingangstür hängende Danksagung an den Vater erklärt, weshalb die Familie Moccia ihre Emotionen in ihre Nudelfertigung packt. 1976 kaufte Papa Mario, als Käsehersteller bereits erfolgreich, eine der berühmten Nudelmanufakturen in Gragnano, die damals in einer Krise steckte. Er restaurierte das Gebäude und baute ein neues. Dazu formte er das erste Konsortium der Nudelmacher in der Stadt. 1994 aber verkauften die Moccias ihre Fabrik, versuchten sich in der Gastronomie und erwarben Jahre später doch wieder ihre Fabbrica della Pasta. „Wir konnten der Magie der Pasta-Herstellung nicht widerstehen“, schreiben sie rückblickend.

Die Magie springt über. 145 Formen produziert die Familie. „Wir machen Formate, die andere nicht machen.“ Caccavella zum Beispiel, eine der speziellsten Erfindungen der Moccias. Die weltweit größte eigenständige Pasta hat ein Nettogewicht von 50 Gramm bei zehn Zentimetern Durchmesser. Die Familie beliefert 80 Länder, hat für den amerikanischen Markt ein Vertriebsbüro in New Jersey und beschäftigt 50 Personen, von September bis November sogar bis zu 90, denn zwei Drittel des Jahresumsatzes erwirtschaften die Moccias im August und September.

„WIR KONNTEN DER MAGIE DER PASTA-HERSTELLUNG EINFACH NICHT WIDERSTEHEN!“

Von der Idee, zunächst mit Stift gezeichnet und dann am Computer weiterentwickelt, bis zur endgültigen Form und Herstellung der Zieheisen aus Bronze vergehen zwei Jahre, erklärt Ciro. Sein Bruder Antonino und sein Sohn Mario entwickeln die Formate. Die Matrizen kosten je nach Form zwischen 3000 und 5000 Euro und sind tierisch schwer. 15 Kilo? Locker! Die Zieheisen aus Bronze, die auf die Nudelpressen geschraubt werden, sorgen für eine wunderbar angeraute Oberfläche. Dadurch verbindet sich die Pasta mit der Sauce besser und das ist der Grund, warum Pastafreunde aus der ganzen Welt auf die Delikatessen aus Gragnano schwören.

Neben, oder besser gesagt unter dem Museum und dem kleinen Verkaufsraum befindet sich die Fertigung. Im Eingangsbereich ein kleines Silo für das angelieferte Mehl. Der Raum ist klimatisiert. Nicht mehr als 20 Grad und eine kontrollierte Luftfeuchtigkeit. Die Qualität des Weizens ist neben der langen Trocknungszeit,

der Temperatur und der Qualität des Wassers eines der nicht gehüteten Geheimnisse. Die Weizenfelder erstrecken sich in Apulien in der Nähe von Altamura, wo das Korn gemahlen wird, und in Basilikata. Die Moccias verwenden nur den Kern. Die äußeren Schalen des Weizenkorns werden nicht verarbeitet. Wie ein Artischockenherz, erklärt Ciro. „Der Preis ist entsprechend: Wir zahlen das Doppelte."

Dem Durchschnittsnudelerhitzer wird bei vier Euro pro Pfund kampanischer Hartweizenware vermutlich erst einmal schummrig vor Augen. Dennoch oder gerade deswegen: Immer noch werden für vergleichsweise kleines Geld von 500 Gramm Pasta aus Gragnano vier Menschen satt. Und vor allem: richtig glücklich! Ein Tellergericht mit dem weißen Gold aus Gragnano – unübertroffen! Manch einer wird sich nach einer Gragnano-Session bald fragen, auf welch trostlosem Nudelkram er all die Jahre herumgekaut hat. „Wir produzieren in einem Jahr, was Barilla an einem Tag macht: etwa 3000 Tonnen", sagt Ciro und verrät hinter vorgehaltener Hand, wer von den Pastakönigen Italiens privat auf seine Nudeln schwört und die (eigene) Industrieware links liegen lässt, nur um hinzuzufügen: „Aber schreibt den Namen nicht, ich will keinen Ärger!"

Ciro stellt uns seine Maschinen vor und nimmt uns mit zu den Trockenkammern, in denen die Nudeln rund 60 Stunden bei nicht mehr als 45 Grad ihre finale Wellness-Behandlung genießen. Die Moccias haben hierfür 22 Kammern. Die langen Nudeln hängen an Aluminiumstangen, die kleinen Formen trocknen auf Tausenden mit Gaze bespannten Holz-

Pasta gut, alles gut: Roberto Tortora und Mario Moccia, Carmine Tortora und Ciro Moccia, Angelo Tortora und Michele Arsuto mit der Mandolinen-Pasta, die für den Export in die USA gedacht ist

rahmen. Trotz aller Technik: Auch in der Manufaktur gibt es Jahreszeiten. Manche Formate werden aufgrund von Feuchtigkeit und Temperatur nur im Juni hergestellt. Cannelloni beispielsweise.

Trotz jahrhundertelanger Geschichte und mittlerweile technisierter Trocknung sei es heute wie früher, erklären sie. Hartweizengrieß, Wasser – jede Fabrik hat eine eigene Quelle –, Trocknung. Früher, als das perfekte Mikroklima in Gragnano erkannt wurde, trockneten die Makkaroni tagelang an Holzstäben auf den Straßen. Auf der Via Roma und der Via Vento, der Straße des Windes. Wohnhäuser wurden so gebaut, dass es vor den Haustüren genug Platz für die Trocknung gab. Kinder schützten die aufgehängten Nudeln vor den Haustüren und hoben heruntergefallene wieder auf. Im Museum erzählen zahlreiche Bilder, antike Gegenstände und Maschinen von dieser Zeit. Der erste Moccia – Antonino – begann in der Via Roma. In dieser findet jedes Jahr im September ein Pasta-Fest aller Nudelfabriken von Gragnano statt.

Obwohl Protein und Gluten für die Stärke und die Al-dente-Qualität sehr wichtig sind, produzieren die Moccias heute auch glutenfrei. Aus ausgesuchtem italienischen Mais- und Reismehl und mit ihrem besonderen Wasser. Dass dies noch heute – auch wenn die Trocknung längst der Straße und dem Wind entwichen ist – wie früher quillt, zeigt sich in der Stadt der Nudeln am Brunnen auf der Piazza bei der Kirche Sant'Agostino. Einwohner trinken hier aus mitgebrachten Bechern oder füllen Trinkflaschen und Kanister.

„PERFEKTE PASTA LEBT VON EINEM SEHR LIEBEVOLL GEKNETETEN TEIG“

'87
N
CAPUTO

UNSER ORIGINAL
NEAPOLITANISCHER PASTATEIG

1 Ei auf 100 g Mehl oder Semola: So lautet üblicherweise die Faustregel für einen Pastateig. Wir vom Mamma Lina nehmen für unsere Variante aber etwas weniger Ei und fügen dafür noch etwas Wasser hinzu, weil der Teig damit besser zusammenhält. Außerdem geben wir immer ein wenig Kurkuma an unsere Pasta. Das sorgt nicht nur für eine schöne goldgelbe Farbe, sondern auch für eine angenehm leichte Würze

DIE ZUTATEN FÜR 4 PERSONEN

200 g Instantmehl (Dunst) | **200 g Weizenmehl** | **8 g Salz** | **2 g Kurkuma** | **3 Eier,** Größe M | **30 ml Wasser**

Für unseren neapolitanischen Pastateig Instant- und Weizenmehl sowie Salz und Kurkuma mit den Eiern und dem Wasser in eine Küchenmaschine geben und in etwa 10 Minuten zu einem glatten Teig verkneten lassen. Wir nehmen Instantmehl, weil das nicht klumpt und Flüssigkeit langsam und gleichmäßig aufnimmt. Dadurch wird der Nudelteig elastisch und schön geschmeidig.

Wer lieber mit den Händen statt mit der Maschine arbeitet, gibt die Zutaten gemischt auf eine Arbeitsfläche. In der Mitte eine Mulde formen und die Eier sowie das Wasser hineingeben. Mithilfe einer Gabel oder einem Teigschaber nach und nach vom Rand etwas Mehl in das Ei einarbeiten, bis ein grober Vorteig entstanden ist. Die Teigreste abstreifen und die Gabel oder den Schaber beiseitelegen. Den Teig von Hand etwa 10 Minuten weiterkneten, bis ein glatter und geschmeidiger Teig entstanden ist.

Euer Teig ist zu feucht bzw. zu trocken? Dann gebt noch 1 EL Mehl bzw. Wasser dazu. Das geht auch noch nach der Ruhephase – allerdings sollte der Teig in dem Fall erneut einige Stunden ruhen

Wenn Ihr ein Vakuumiergerät besitzt, könnt Ihr den Teig jetzt luftdicht verpacken – oder ansonsten den Teig in Frischhaltefolie einwickeln. In jedem Fall sollte er jetzt 12 Stunden im Kühlschrank ruhen. Durch die lange Ruhephase kann sich die Glutenstruktur optimal bilden und der Teig wird wunderbar dehnbar.

Den Teig nach der Ruhephase nochmals gut durchkneten und ausrollen. Das geht entweder in der Nudelmaschine oder auch von Hand. Dafür die Arbeitsfläche mit Mehl bestäuben und den Teig mithilfe eines Nudelholzes möglichst gleichmäßig ausrollen. Wichtig: Nicht alle Pastasorten sind gleich dick! Lasagneblätter oder Pappardelle etwa haben in der Regel eine doppelt so große Teigstärke wie Tagliatelle oder Tortellini.

Wir haben übrigens auch Alternativen mit Semola und Weizenmehl: Unsere Freunde Farid Fazel und Mario Aliberti haben jeweils ihre Nudelteig-Rezepte mit ins Buch gebracht (siehe S. 122 und S. 126).

SCHRITT FÜR SCHRITT **ZUM PASTATEIG**

Ihr möchtet den Nudelteig klassisch mit den Händen formen, wie unsere Mamma früher? Dann könnt Ihr erst mal 3 Eier in einer kleinen Schüssel aufschlagen und mit einem Schneebesen verrühren, bis die Masse glatt ist.

Die trockenen Zutaten – also Instantmehl, Weizenmehl, Salz und Kurkuma – vermischt Ihr zunächst in einer Schüssel. Dann gebt Ihr sie auf eine Arbeitsfläche und formt eine Mulde. In die gebt Ihr die Eier zusammen mit dem Wasser.

Mit dem Fingertest könnt Ihr prüfen, ob die Konsistenz passt: Dafür einfach mit einem Finger in die Mitte der Teigkugel drücken. Wenn der Teig langsam und ohne Vertiefung zurückspringt, ist er perfekt

Oh, che bello! Da ist das Ding! Der fertige Teig sollte geschmeidig und leicht elastisch sein – und nicht an den Händen kleben. Er sollte außerdem leicht glänzen und dann für ein paar Stunden in Ruhe gelassen werden.

Wenn Ihr ein Vakuumiergerät besitzt, könnt Ihr den Teig jetzt luftdicht verpacken. Ansonsten wickelt Ihr ihn einfach in Frischhaltefolie ein. So oder so: Nun sollte er 12 Stunden im Kühlschrank ruhen. Denn guter Teig braucht Zeit.

Mithilfe einer Gabel oder eines Teigschabers wie hier auf dem Bild arbeitet Ihr nun nach und nach vom Rand etwas vom Mehl in die Ei-Wasser-Mischung ein, bis ein grober, noch krümeliger Vorteig entstanden ist.

Jetzt knetet Ihr den Teig für etwa 10 Minuten mit den Händen, bis Ihr eine glatte und geschmeidige Masse habt. Wenn der Teig zu trocken oder zu feucht ist, gebt Ihr je nachdem noch etwas Wasser oder Mehl hinzu.

Nun könnt Ihr Euch nach Herzenslust austoben und Spaghetti, Tortellini oder Tagliolini zaubern. Achtet beim Ausrollen aber darauf, wie dick Ihr den Teig macht – denn schließlich ist jede Pastasorte unterschiedlich.

Um einen besonders dünnen Teig zu bekommen, walzt Ihr ihn mithilfe einer Nudelmaschine, bis er papierdünn ist. Das ist besonders für die gefüllten Nudeln (siehe S. 110) sinnvoll. Perfekter Raviolitteig ist zum Beispiel nur 1 Millimeter dick.

NUDELTEIG **OHNE EI**

Ein Schuss Olivenöl verleiht dem Teig eine feine Note und kann ihn noch geschmeidiger machen

DIE ZUTATEN FÜR 4 PERSONEN

300 g Hartweizengrieß | 160 ml Wasser | 1 Prise Salz

Alle Zutaten etwa 10 Minuten lang zu einem glatten und geschmeidigen Teig verkneten und für 2 Stunden ruhen lassen. Ausrollen und in die gewünschte Form bringen. Achtung: Die Nudeln ohne Ei sind schon nach etwa 3 Minuten im siedenden Wasser gar.

GLUTENFREIER **NUDELTEIG**

Statt der Kartoffelstärke könnt Ihr alternativ auch Tapiokastärke verwenden

DIE ZUTATEN FÜR 4 PERSONEN

250 g Mehl (Reismehl) **| 50 g Tapiokastärke** (alternativ Kartoffelstärke) **| 3 Eier,** Größe L **| 1 TL Salz**
½ TL gemahlene Flohsamenschalen | 2–3 EL Wasser (je nach Größe der Eier)

Alle Zutaten etwa 10 Minuten lang zu einem geschmeidigen Teig verkneten. Etwa 30 Minuten in Frischhaltefolie bei Zimmertemperatur aufbewahren. Die Pasta braucht je nach Teigstärke etwa 6–8 Minuten.

VOLLKORN-**NUDELTEIG**

Da Vollkorn-Nudeln reichhaltiger sind, kombiniert Ihr sie am besten mit kräftigen Saucen und Gemüse

DIE ZUTATEN FÜR 4 PERSONEN

320 g Dinkelvollkornmehl | 100 g Weizenmehl | 4 Eier, Größe M **| 25 ml Wasser | 1 EL Olivenöl | 1 TL Salz**

Alle Zutaten etwa 10 Minuten lang zu einem glatten und geschmeidigen Teig verkneten und für etwa 60–90 Minuten ruhen lassen. Ausrollen und in die gewünschte Form bringen. Die Vollkorn-Pasta solltet Ihr je nach Teigstärke etwa 5–8 Minuten kochen lassen.

DSQUARED2
MILANO
'87
CAPUTO

GRÜNE **PASTA**

FÜR DIE SPINATMATTE

100 g Blattspinat | 30 ml Kochsahne

Den Spinat in kochendem Wasser kurz blanchieren und direkt in Eiswasser abschrecken. Dann in einem Hochleistungsmixer oder Thermomix mit der Kochsahne zu einer glatten Masse pürieren.

Falls die Masse zu stückig ist, könnt Ihr sie noch mal durch ein Sieb streichen

FÜR DIE GRÜNE PASTA

200 g Instantmehl (Dunst) **| 200 g Weizenmehl | 8 g Salz | 3 Eier,** Größe M **| 30 ml Wasser**

Alle Zutaten inklusive der Spinatmatte etwa 10 Minuten lang zu einem glatten und geschmeidigen Teig verkneten und für etwa 60–90 Minuten ruhen lassen. Ausrollen und in die gewünschte Form bringen. Die grüne Pasta solltet Ihr je nach Teigstärke etwa 5–6 Minuten kochen lassen.

ROTE **PASTA**

FÜR DIE ROTE PASTA MIT TOMATENMARK

200 g Instantmehl (Dunst) **| 200 g Weizenmehl | 8 g Salz | 50 g Tomatenmark**
3 Eier, Größe M **| 30 ml Wasser**

Alle Zutaten inklusive des Tomatenmarks etwa 10 Minuten lang zu einem glatten und geschmeidigen Teig verkneten und für etwa 60–90 Minuten ruhen lassen. Ausrollen und in die gewünschte Form bringen. Die rote Pasta solltet Ihr je nach Teigstärke etwa 5–6 Minuten kochen lassen

Statt des Tomatenmarks könnt Ihr auch Rote-Bete-Granulat nehmen. Die Pastafarbe geht dann mehr ins Violette

SCHWARZE **PASTA**

FÜR DEN SCHWARZEN NUDELTEIG MIT NERO DI SEPPIA

200 g Instantmehl | 200 g Weizenmehl | 8 g Salz | 4 g Nero di Seppia (Tintenfischtinte)
3 Eier, Größe M **| 30 ml Wasser**

Alle Zutaten etwa 10 Minuten lang zu einem glatten und geschmeidigen Teig verkneten und für etwa 60–90 Minuten ruhen lassen. Ausrollen und in die gewünschte Form bringen. Die schwarze Pasta solltet Ihr je nach Teigstärke etwa 4 Minuten kochen lassen.

Für bunte Teige mischt Ihr die Farbstoffe (Tinte/Spinat/Tomatenmark) mit den Eiern und gebt den Mix in die Mulde im Mehl

DAS KLEINE LEXIKON **DER PASTAFORMEN**

Kurz oder lang, dick oder dünn, gerade oder gebogen, geriffelt oder glatt – italienische Nudeln gibt es in vielen hundert verschiedenen Ausführungen. Wir stellen Euch hier einige unserer Lieblinge vor und verraten, zu welchen Saucen sie am besten passen

RIGATONI

Rigatoni sind im Gegensatz zu anderen Röhrennudeln wie Penne nur gerillt, also „rigato", erhältlich. Sie eignen sich besonders für kräftige Saucen wie Wildschweinragout (siehe S. 84), da diese perfekt sowohl an der geriffelten Außenseite wie auch im Innern haften bleiben. Rigatoni haben ihren Ursprung wohl in Rom, sind heute aber vor allem in Süditalien beliebt.

CALAMARATA

In Deutschland (noch) weitgehend unbekannt, sind die Calamarata eine feste Größe in der neapolitanischen Küche. Die Pasta harmoniert wunderbar mit stückigen Saucen und wird oft mit Calamari-Ringen serviert, denen sie auch ihren Namen verdankt. Sie passt aber auch zu anderen Meeresfrüchten und Fisch wie etwa Lachs (siehe S. 166).

LINGUINE

Die kleinen Zungen (so die wörtliche Übersetzung) stammen aus der Region Kampanien im Süden Italiens. In anderen Regionen des Landes kennt man sie auch als Trenette oder Bavette. Linguine werden traditionell ohne Ei hergestellt und gerne mit Pesto alla Genovese oder Meeresfrüchten kombiniert – so wie bei unseren Linguine alle Vongole (siehe S. 44).

MAFALDINE

Diese neapolitanischen, gekräuselten Bandnudeln heißen auch Reginette („kleine Königinnen“) und sind nach Prinzessin Mafalda von Savoyen benannt. Die Verbindung aus geschwungenem Rand und glattem Innern sorgt für einen ungewöhnlichen Biss, der unsere Muschel-Safran-Vanille-Pasta (siehe S. 86) noch ein bisschen besonderer macht.

ORECCHIETTE

So lecker können heiße Ohren sein: Die Orecchiette („Öhrchen“) sind vor allem in Apulien verbreitet, ursprünglich aber kommen sie wohl – pssst! – aus der Provence. Dank ihrer gewölbten Form können sie besonders viel Sauce aufnehmen und eignen sich prima für Gemüsesaucen wie unsere gelbe Arrabiata (siehe S. 54).

CONCHIGLIONI

Die großen Brüder der aus Kampanien stammenden Conchiglie („Muscheln“) sind bestens zum Befüllen und damit für Ofengerichte aller Art geeignet – egal, ob mit Fisch, Fleisch, Pesto oder auch Spinat und Ricotta. Wir lieben sie aber auch in süß: mit frischem Pfirsich, Walnüssen und einer Sauce aus weißer Schokolade (siehe S. 186).

FUSILLI

Ebenfalls aus Kampanien kommt dieser Liebling vieler Kinder: Die gedrehten Nudeln (ihr Name leitet sich von fuso für Spindel ab) wurden früher hergestellt, indem man Spaghetti um Stricknadeln wickelte. Sie sind auch als Spirelli bekannt und eignen sich wunderbar für gehaltvolle Saucen mit Fleisch oder auch für Nudelsalat.

GNOCCHI

Die kleinen Teigklößchen (der Name bedeutet so viel wie „Nocken“) werden üblicherweise aus Kartoffeln hergestellt, allerdings gibt es z. B. in der Lombardei oder der Toskana auch Varianten aus Hartweizengrieß. In Neapel genießen wir sie am liebsten alla Sorrentina (siehe S. 152) mit Käse überbacken – ein perfekter Sonntagsschmaus!

LASAGNE

Der Name der breitesten aller italienischen Bandnudeln leitet sich ausnahmsweise nicht von ihrem Erscheinungsbild ab: Lasagne kommt vom lateinischen lasanum, dem Kochtopf. Neben der bekannten Variante mit Fleisch- und Béchamelsauce lieben wir sie auch mit Lachs (siehe S. 108).

CASARECCE

Diese leicht in sich gedrehte und gerollte Pastasorte stammt ursprünglich aus Sizilien. Durch den Hohlraum im Innern kann sie Saucen besonders gut aufnehmen. Ein klassisches Casarecce-Gericht gibt es nicht, allerdings isst man sie in Italien gerne mit Gemüsesaucen wie Puttanesca (siehe S. 46). Ihr Name bedeutet schlicht „hausgemacht“.

ELICOIDALI

Der Name dieser süditalienischen Pasta leitet sich von elica für „Helix“ ab. Sie sehen ähnlich aus wie Rigatoni und sind in Norditalien auch als Tortiglioni bekannt – aber Vorsicht: In Süditalien sind mit Tortiglioni ganz andere Nudeln gemeint, die eher wie Fusilli aussehen… Genau wie Rigatoni sind sie ideal für kräftige Saucen wie Carbonara (siehe S. 58).

PACCHERI

Länger als Calamarata, aber kürzer als Cannelloni: Die Paccheri liegen bei den großen Hohlnudeln irgendwo im Mittelfeld. Ihr Name leitet sich vom neapolitanischen Begriff für „Ohrfeige“ ab und geht wohl auf das Geräusch zurück, das die Nudeln machen, wenn man draufbeißt. Ihre robuste Struktur macht sie ideal für üppige Saucen.

FARFALLE

Woher die Farfalle („Schmetterlinge“) ihren Namen haben, dürfte nicht schwer zu erraten sein, oder? Diese kleine Pastasorte stammt ursprünglich aus Norditalien und ist unglaublich vielseitig: Sie schmeckt zu Käse- und Sahnesaucen genau so wie zu Tomaten- oder Gemüsesaucen und ist wegen ihres hübschen Äußeren auch eine beliebte Zutat in Salaten.

CANNELLONI

Der Ursprung dieser langen Röhrennudeln (deren Name schlicht „Röhrchen“ bedeutet) lässt sich genau datieren: Sie wurden 1907 von einem Koch in Sorrent an der Bucht von Neapel erfunden. Cannelloni werden ausschließlich gefüllt serviert – z. B. mit Spinat und Ricotta (siehe S. 100) – und sind auch süß eine Wucht (siehe S. 192).

CORALLINI

Diese „kleinen Korallen“ sind im Grunde nichts anderes als in kleine Stücke geschnittene Bucatini und dienen hauptsächlich als Einlage in Eintöpfen oder Suppen wie Minestrone. Je nach Region sind sie auch als Centimbocca, Grandine forata, Pepe bucato, Curadduzzu minutu oder Avemarie lisce bekannt.

PENNE

Die Penne wurden im 19. Jahrhundert in Genua erfunden. Ihr Name – der übersetzt „Stift“ bedeutet – leitet sich von den abgeschrägten Kanten ab, die der Nudel die Form einer Schreibfeder verleihen. Penne gibt es „rigato“ (geriffelt) und „lisce“ (glatt) und sie sind besonders gut für dickere Saucen wie Carbonara oder Käsesaucen geeignet, die gut im Innern haften bleiben.

PAPPARDELLE

Diese klassischen italienischen Bandnudeln sind vermutlich im Mittelalter in der Toskana entstanden, wo sie auch heute noch sehr gern in kräftiger Begleitung wie z. B. Kalbsragout (siehe S. 72) serviert werden. Die Herkunft des Namens ist nicht eindeutig geklärt – möglicherweise leitet er sich von pappare für „futtern“ ab.

BUCATINI

Die dünnen Röhrennudeln (benannt nach buco, dem italienischen Wort für Loch) stammen ursprünglich aus Sizilien und sind auch als Perciatelli bekannt. Im Grunde handelt es sich dabei einfach um lange Makkaroni. Sie eignen sich hervorragend für eher flüssige Saucen, die sich leichter in ihrem schmalen Inneren ausbreiten können.

„MANTECARE!
DAS IST, WENN SICH
IN DER PFANNE DIE
NUDELN MIT DER
SAUCE VERMÄHLEN“

RICHTIG NUDELN KOCHEN

SO GELINGT **DIE PERFEKTE PASTA**

Auch die besten italienischen Köche kochen ihre Pasta nur mit Wasser, klar. Aber wie viel Wasser eigentlich? Soll da Öl rein? Darf ich rühren? Wie viel Salz braucht's? Und wo kommt das Nudelsieb zum Einsatz? Hier sind die wichtigsten Dos and Don'ts rund ums Pastakochen

Habt Ihr schon mal was von „mantecare" gehört? Dieser italienische Begriff lässt sich nicht wirklich ins Deutsche übersetzen, bedeutet aber so viel wie die Nudeln mit der Sauce zu vermählen. Das macht Angelo Tortora auf dem Foto rechts, indem er die Nudeln kurz vor al dente aus dem Nudelkocher in die Sauce gibt. Noch ein bisschen Nudelwasser dazu und fertig!

Nudeln kochen – was kann da schon groß schiefgehen? So einiges! Denn gerade wir Deutschen haben da ein paar (schräge) Angewohnheiten, wenn's ums Pastakochen geht. Doch selbst in Italien herrscht über manche Punkte ein regelrechter Glaubenskampf. Wir bringen Licht ins Dunkel ...

Die ideale Wassermenge

Hier gilt die Faustregel: Pro 100 Gramm Nudeln nehmt Ihr einen Liter Wasser. Für die klassische 500-Gramm-Packung braucht Ihr also fünf Liter. Damit geht Ihr sicher, dass die Stärkekonzentration im Wasser nicht zu hoch wird und die Nudeln dadurch verkleben.

Salz im Nudelwasser

10 Gramm Salz (am besten wie in Italien üblich grobes Meersalz) auf einen Liter Wasser gelten als ideal. Das kann allerdings variieren, etwa bei salzhaltigen Beilagen wie Muscheln oder Bottarga. Das Wasser solltet Ihr salzen, sobald es zu kochen beginnt. Fügt man das Salz dem kalten Wasser hinzu, steigt der Siedepunkt um etwa zwei Grad. Diesen Unterschied merkt Ihr beim Kochen zu Hause kaum, er führt aber zu einem unnötigen Energieverbrauch.

Pasta ins Wasser: der richtige Zeitpunkt

Italiener schwören darauf, dass Pasta erst ins Wasser kommt, wenn es bereits sprudelnd kocht. Prinzipiell ist es auch möglich, Nudeln schon ins kalte Wasser zu geben. Für eine verlässliche Kochzeit empfiehlt sich aber unbedingt die erste, traditionelle Methode.

Go oder No-Go: Öl ins Nudelwasser?

Definitiv: No-Go! Es ist ein Irrglaube, dass ein Schuss Öl im Nudelwasser das Zusammenkleben der Nudeln verhindert. Dabei schwimmt das Öl lediglich an der Wasseroberfläche, sorgt aber beim Abgießen dafür, dass die Nudeln die Sauce später nicht mehr gut aufnehmen. Ölen solltet Ihr die Nudeln nur, wenn sie fertig gekocht sind und nicht direkt in eine Sauce kommen, aber auch hier gilt: sparsam!

Die richtige Wassertemperatur

Über die Frage, bei welcher Temperatur Pasta gekocht wird, herrscht in Italien ein regelrechter Glaubenskampf. Traditionell wird Pasta in Italien bei sprudelndem Wasser gekocht, seit der Energiekrise gibt es aber auch immer mehr Verfechter des „Cottura passiva“, dem passiven Nudelkochen. Wir empfehlen einen goldenen Mittelweg: erst sprudelnd aufkochen lassen, dann auf mittlere Hitze zurückschalten und al dente garen.

Nudeln rühren – ja oder nein?

In Maßen! Vor allem in den ersten Minuten der Garzeit ist Rühren ratsam. So kleben die Nudeln nicht am Topfboden oder aneinander fest und garen schön gleichmäßig.

Kochen bis al dente!

Je nach Nudelsorte und ob sie frisch oder getrocknet ist, gelten unterschiedliche Kochzeiten. In Italien ist eine Nudel fertig, wenn sie al dente ist, also wenn ihr Inneres noch nicht völlig durchgegart und noch leicht bissfest ist. Besonders dann, wenn die Pasta nach dem Garen noch in einer Sauce weiterköcheln soll (so wie es in Italien üblich ist), solltet Ihr die Nudeln schon kurz vor al dente aus dem Wasser nehmen, damit sie nicht zu weich werden.

Abschütten oder Abschöpfen?

In Deutschland werden Nudeln nach ihrer Garzeit meist in ein Nudelsieb abgeschüttet, das Garwasser landet im Abfluss. In Italien ist das stärkehaltige Nudelwasser aber eine wichtige Zutat zum Binden und Verfeinern von Pasta-Saucen. Daher empfiehlt es sich, die Pasta mit einer Schöpfkelle, einem Nudelkorb oder Ähnlichem aus dem Wasser zu holen und im besten Fall ohne Umwege in die Pfanne zur Sauce zu geben.

Abschrecken

Kaltes Wasser über die fertig gekochten Nudeln? Lieber nicht! Denn dabei wird der stärkehaltige Film abgespült, der sich beim Kochen auf der Pasta bildet. Das führt dazu, dass die Nudeln die Sauce nicht mehr gut aufnehmen.

Aufbewahren

Frische Pasta sollte im Kühlschrank aufbewahrt und nach wenigen Tagen aufgebraucht werden. Alternativ könnt Ihr sie auch auf Vorrat produzieren und für etwa drei Monate einfrieren. Wenn Ihr Eure selbst gemachte Pasta getrocknet habt, ist sie für einige Monate haltbar. Ihr solltet sie trocken, dunkel und kühl aufbewahren – das gleiche gilt für gekaufte Trockenpasta.

Da steppt der Bär: In Neapels bekannter Via Benedetto Croce tummelt sich ein Feinkostladen nach dem nächsten

20 Minuten | mit Fisch | Für 4 Personen

WIE IN NAPOLI:
LINGUINE ALLE VONGOLE

Linguine alle Vongole – der neapolitanische Meeresfrüchte-Klassiker schlechthin. Das Gericht erinnert an unbeschwerte Tage an der Küste und sonnige Stunden am Meer. Auch wir vom Mamma Lina verbinden damit schöne Stunden in unserer Heimat. Genau deshalb liegt es uns auch besonders am Herzen! Wir servieren Euch die Linguine klassisch mit Weißwein, Kirschtomaten und einem Hauch Chili für die richtige Würze

FÜR DIE LINGUINE ALLE VONGOLE

40 Vongole (Venusmuscheln) | **500 g Linguine** | **50 ml Olivenöl** | **2 Knoblauchzehen,** gehackt
1 Chilischote | **20 Kirschtomaten,** halbiert | **50 ml Weißwein**, z. B. Pinot Grigio | **30 g Butter**
Salz, Pfeffer | **20 g Petersilie,** gehackt

Vongole haben das ganze Jahr hindurch Saison – und nicht nur in den Monaten mit einem R im Namen, wie man es hier bei uns in Deutschland von den Miesmuscheln kennt

Die frischen Venusmuscheln in eine Schüssel mit kaltem Wasser und einer Prise Salz geben. Die Vongole öffnen sich dann etwas und geben Sand und Schmutz ab. Anschließend noch mal unter fließendem Wasser abwaschen und eventuell noch vorhandenen Schmutz mit einer Bürste entfernen. Nach dem Putzen die Vongole beiseite stellen.

Nudeln al dente kochen und aus dem Wasser holen, dabei etwa 100 ml vom Nudelwasser aufbewahren.

Olivenöl in der Pfanne erhitzen. Knoblauch, Chilischote und Kirschtomaten hinzugeben und für zwei Minuten braten lassen. Jetzt die Vongole dazugeben und mit Weißwein ablöschen. Butter in die Pfanne geben und immer wieder etwas Nudelwasser dazutun, damit die Sauce schön cremig wird. Die Sauce zwei Minuten simmern lassen und dabei immer wieder gut durchschwenken.

Jetzt die Nudeln in die Pfanne geben, mit der Sauce vermengen und durchschwenken. Mit Salz und Pfeffer abschmecken, die frische Petersilie darüber streuen und servieren.

20 Minuten | mit Fisch | Für 4 Personen

CASARECCE ALLA **PUTTANESCA**

Zur Wortherkunft der Pasta Puttanesca – also Nudeln nach Huren-Art – gibt es zahlreiche Geschichten. Eine davon besagt, dass die Sauce früher bei Prostituierten besonders beliebt war, weil man sie schnell zwischen zwei Terminen zubereiten konnte. Andere meinen, dass sich der Name eher auf die verführerische Qualität des Gerichts bezieht. Trotz ihres Namens ist die Puttanesca aber 100 Prozent familientauglich – versprochen!

FÜR DIE CASARECCE ALLA PUTTANESCA

500 g Casarecce | 2 Knoblauchzehen | 1 Chilischote | 12 Kirschtomaten, rot und gelb
20 ml Olivenöl | 24 Kalamata-Oliven, ohne Stein **| 8 Sardellenfilets | 3 EL Kapern**
300 ml passierte Tomaten | Salz, Pfeffer | 40 g Parmesan, frisch gerieben **| 8 Blätter Basilikum**

Da Sardellen und Kapern von Natur aus sehr salzig sind, ist es ratsam, nicht zu viel Salz zur Sauce hinzuzugeben. Probiert sie lieber während des Kochens und fügt nur bei Bedarf eine Prise Salz hinzu

Nudeln bis 1 Minute vor al dente garen. Etwa 100 ml vom Nudelwasser aufbewahren.

Die Knoblauchzehen pressen und die Chilischote sowie die Kirschtomaten halbieren. Öl in einer Pfanne erhitzen und den Knoblauch mit der Chili darin anschwitzen.

Die Oliven, Sardellen, Tomaten und Kapern hinzufügen und anbraten. Dabei etwas vom Nudelwasser in die Pfanne nachschütten – die darin enthaltene Stärke sorgt dafür, dass die Sauce schön cremig wird und gut an den Nudeln haften bleibt. Mit den passierten Tomaten ablöschen, die Casarecce dazugeben, für 2–3 Minuten durchschwenken und mit Salz und Pfeffer abschmecken.

Parmesan und Basilikum darüber geben und sofort servieren.

60 Minuten | mit Fleisch | Für 4 Personen

PACCHERI MIT **RAGÙ ALLA BOLOGNESE**

Kaum ein italienisches Pastagericht ist so beliebt (vor allem bei Kindern) wie Spaghetti Bolognese. Dabei ist dieses Gericht gar keine Erfindung der Italiener, sondern entwickelte sich durch den aufkommenden Tourismus in den 1950er Jahren. Ein echter Italiener würde zur beliebten Fleischsauce niemals Spaghetti servieren, denn: Zu stückigen Saucen kombiniert man am besten Röhrennudeln, wie in diesem Gericht die Paccheri

FÜR DAS RAGÙ ALLA BOLOGNESE

500 g Paccheri | 1 Karotte | 1 Stangensellerie | 1 Zwiebel | 20 g Butter | 400 g Hackfleisch, gemischt oder vom Rind **| 200 ml passierte Tomaten | 60 ml Rotwein,** z. B. Primitivo rosso **1 Lorbeerblatt | 4 Petersilien-Stängel,** fein gehackt **| 20 g Petersilie,** fein gehackt **50 g Parmesan | 150 g Burrata**

Karotte, Stangensellerie und Zwiebel putzen und jeweils in feine Würfel schneiden. Eine Pfanne mit Butter erhitzen und das Gemüse für einige Minuten darin anschwitzen. Das Hackfleisch zugeben und kurz mitbraten. Anschließend mit passierten Tomaten und Rotwein aufgießen, das Lorbeerblatt und die gehackten Petersilienstängel dazugeben und einkochen lassen – je länger, desto besser!

Jetzt die Paccheri al dente garen und 100 ml vom Nudelwasser aufbewahren.

Die gekochten Nudeln zur Sauce geben, gut durchschwenken und für 2 Minuten simmern lassen. Dabei Parmesan und etwas vom Pastawasser in die Pfanne geben, damit die Sauce schön cremig wird und gut an den Nudeln haften bleibt. Mit Salz und Pfeffer abschmecken.

Kurz vor dem Servieren die Burrata in kleine Stücke zupfen und über die Pasta geben, etwas Olivenöl und Pfeffer nach Geschmack darüber geben und genießen!

Egal ob mit den großen Paccheri-Nudeln, mit Gnocchi, Rigatoni oder in einer Lasagne al Forno – die beliebte italienische Fleischsauce alla Bolognese ist ein absoluter Klassiker und kann individuell kombiniert werden

20 Minuten | vegetarisch | Für 2 Personen

THE SIMPLE PASTA
AGLIO OLIO E PEPERONCINI

Wir vom Mamma Lina glauben: Gutes muss nicht immer kompliziert sein! Das beweisen wir mit diesem Klassiker der original neapolitanischen Küche: Bucatini Aglio, Olio e Peperoncini. Das Gericht aus Knoblauch, Olivenöl und Chili gehört zu den ältesten Pastagerichten der Welt und ist mit wenigen Handgriffen auf dem Teller

FÜR DIE BUCATINI AGLIO, OLIO E PEPERONCINI

250 g Bucatini | 1 Knoblauchzehe | 1 Chilischote | 2 Petersilienstängel | 20 ml Olivenöl 10 g Butter | Salz, Pfeffer | 2 Kirschtomaten | 15 g Petersilie

Dieses simple Gericht lässt sich beliebig kombinieren! Wie wär's zum Beispiel mit etwas geriebenem Parmesan, Kapern, Oliven oder Garnelen on top? Probieren lohnt sich!

Die Nudeln bis 1 Minute vor al dente garen. Etwa 100 ml vom Nudelwasser aufbewahren. Die Knoblauchzehe halbieren und die Chilischote in Ringe schneiden. Eine Pfanne mit Olivenöl erhitzen, Knoblauch, Chili und die Petersilienstängel kurz scharf darin anbraten. Die Knoblauchhälften und Petersilienstängel anschließend optional entnehmen.

Die gekochten Bucatini in die Pfanne zum Knoblauch-Öl geben, für 2 Minuten gut durchschwenken und mit Salz und Pfeffer abschmecken. Nach Bedarf etwas Nudelwasser schrittweise in die Pfanne geben. Die Stärke aus dem Nudelwasser sorgt dafür, dass die Sauce schön cremig wird und gut an den Nudeln haften bleibt. Zum Schluss eine Butterflocke in die Pfanne geben.

Parallel dazu die beiden Kirschtomaten mitsamt den Rispen in einer separaten Pfanne mit einem Schuss Öl unter gelegentlichem Schwenken 3–4 Minuten anbraten, bis die Haut leicht aufspringt. Anschließend die Bucatini servieren, nach Belieben mit fein gehackter Petersilie und den geschmorten Kirschtomaten garnieren und genießen!

'87

60 Minuten | mit Fleisch | Für 4 Personen

BUD SPENCERS TAGLIATELLE

Bud Spencer stammt aus Napoli. Und der Legende nach aß er gern bis zu 40 Fleischbällchen auf einmal. Ganz so viele sind's auf unserer Pasta Polpette nicht – dennoch könnt Ihr Euch an den kleinen Bällchen hier so richtig satt essen! Außerdem punktet dieser Klassiker mit leckerer Tomatensauce und frischem Basilikum. Perfekt, wenn alle mal gemeinsam so richtig reinhauen wollen. Guten Appetit!

FÜR DIE POLPETTE (16 STÜCK)

4 Scheiben Toastbrot | 500 g Hackfleisch, gemischt | **120 g Parmesan,** frisch gerieben | **2 Eier**
30 g Petersilie, gehackt | **20 ml Olivenöl | 2 Knoblauchzehen,** gehackt | **2 Zwiebeln,** fein gewürfelt
Salz, Pfeffer | 30 ml Sonnenblumenöl

Das Toastbrot in Wasser einweichen. Ausdrücken und mit allen weiteren Zutaten außer dem Sonnenblumenöl zu einer geschmeidigen Masse verarbeiten. Daraus 16 Bällchen formen. Das Öl in einer großen Pfanne erhitzen und die Fleischbällchen darin einige Minuten braten. Dabei immer wieder wenden, bis sie rundherum goldbraun sind.

Statt der Toastbrotscheiben könnt Ihr für die Polpette auch ein Brötchen vom Vortag verwenden

FÜR DIE PASTA

500 g Tagliatelle | 20 ml Olivenöl, kaltgepresst | **20 g Butter | 1 Zwiebel,** gewürfelt
400 ml Napolisauce (siehe S. 137) | **12 Basilikumblätter | Salz, Pfeffer | 50 g Parmesan**

Nudeln bis 1 Minute vor al dente kochen und abgießen. Dabei etwa 100 ml vom Nudelwasser aufbewahren. Öl und Butter in einer Pfanne erhitzen. Zwiebel dazu geben und einmal alles bei mittlerer Hitze anbraten. Mit der Napolisauce aufgießen, Basilikum hinzugeben und aufkochen lassen. Alles mit Salz und Pfeffer abschmecken und nach Bedarf schluckweise etwas vom Nudelwasser in die Pfanne geben, damit die Sauce schön cremig wird und gut an den Nudeln haften bleibt.

Nudeln und Polpette in die Sauce geben und gut durchschwenken. Frischen Parmesan darüber hobeln und sofort anrichten.

20 Minuten | vegetarisch | Für 4 Personen

ORECCHIETTE MIT **YELLOW ARRABIATA**

Leichter, frischer, milder und fruchtiger als ihre roten Verwandten: Gelbe Tomaten haben eine ganz eigene Geschmacksnote und eignen sich wunderbar als Zutat in Salaten, auf Bruschetta, in Salsa oder Gazpacho. Wir kombinieren sie für unsere Arrabiata mit der Schärfe frischer Chilischoten, die wir nicht nur in der Tomatensauce mitköcheln lassen, sondern auch noch knusprig frittiert als Deko dazugeben. Die pure gelb-rote Freude!

FÜR DIE ORECCHIETTE MIT YELLOW ARRABIATA

500 g Orecchiette | 1 Knoblauchzehe | 1 rote Chilischote | 20 ml Olivenöl
500–600 ml passierte Tomaten, gelb (z. B. von Pronto Fresco) **| 20 g Petersilie**
40 g Parmesan, frisch gerieben **| Salz, Pfeffer**

Nudeln bis 1 Minute vor al dente garen. Etwa 100 ml vom Nudelwasser aufbewahren.

Die Knoblauchzehe pressen und die Chilischoten halbieren. Öl in einer Pfanne erhitzen und Knoblauch sowie Chili darin anschwitzen. Gelbe Tomatensauce hinzufügen und aufkochen. Die Orecchiette dazugeben und immer wieder etwas vom Nudelwasser in die Pfanne nachschütten, damit die Sauce schön cremig wird und gut an den Nudeln haften bleibt. Petersilie fein hacken und zusammen mit dem Parmesan dazugeben, alles für 2–3 Minuten durchschwenken und mit Salz und Pfeffer abschmecken.

FÜR DIE DEKO

2 Chilischoten | 300 ml Sonnenblumenöl | 10 g Basilikum

Die Chilischoten in feine Streifen schneiden und 10–20 Sekunden lang in 180 Grad heißem Sonnenblumenöl frittieren. Die frittierten Chilischoten auf die angerichteten Nudeln setzen, mit etwas geschnittenem Basilikum garnieren und sofort servieren.

Ihr mögt es gern so richtig, richtig scharf? Dann könnt Ihr zusätzlich zu den Chilischoten auch noch getrocknete Chiliflocken zur Tomatensauce geben – aber sagt nicht, dass wir Euch nicht gewarnt hätten …

30 Minuten | mit Fleisch | Für 4 Personen

RIGATONI **AMATRICIANA**

Die traditionsreiche Pasta Amatriciana stammt aus dem Bergdorf Amatrice. Erfunden haben es die Schäfer rund um das Dörfchen, die Guanciale, Pasta und Pecorino während der Wanderweidewirtschaft immer mit dabei hatten. Bis heute sind das die Originalzutaten – und jedes Jahr im August wird ein Volksfest zu Ehren der Pasta Amatriciana in Amatrice gefeiert

FÜR DIE PASTA AMATRICIANA

500 g Rigatoni | 60 g Guanciale (gepökelte Schweinebacke – alternativ Pancetta oder Räucherspeck)
20 g Butter | 20 g Olivenöl | 50 g getrocknete Tomaten | 200 ml stückige Tomaten
40 g Pecorino Romano, frisch gerieben **| Salz, Pfeffer**

Die Rigatoni bis 1 Minute vor al dente garen. Etwa 100 ml vom Nudelwasser aufbewahren.

Den Guanciale in Streifen schneiden, eine Pfanne mit einem Butter-Olivenöl-Gemisch erhitzen und das Fleisch darin anbraten, bis es schön kross ist. Das Fleisch entnehmen, das Fett in der Pfanne lassen.

Lust auf eine vegetarische Variante? Einfach die Schweinebacke durch gewürfelten und marinierten Räuchertofu ersetzen!

Die getrockneten Tomaten fein hacken, zusammen mit den stückigen Tomaten zum Fett geben und für einige Minuten einköcheln lassen. Die vorgekochte Pasta dazugeben, alles gut durchschwenken und noch ein bisschen simmern lassen. Bei Bedarf etwas vom aufbewahrten Nudelwasser nachschütten – die darin enthaltene Stärke sorgt dafür, dass die Sauce schön cremig wird und gut an den Rigatoni haften bleibt. Zum Servieren den Guanciale dazugeben, mit Salz, Pfeffer und Pecorino Romano abschmecken und sofort servieren.

20 Minuten | mit Fleisch | Für 4 Personen

RIGATONI **CARBONARA**

Aber bitte mit Sahne? Nicht, wenn es dabei um Pasta Carbonara geht! Für uns Italiener ist das wirklich ein absolutes No-Go. Im Original kommen lediglich Eigelb, Pecorino, Speck und etwas Nudelwasser an die Pasta nach Köhler-Art. Und glaubt uns: Ihr werdet die Sahne hier ganz sicher nicht vermissen – denn dank der Stärke im Nudelwasser wird der Pasta-Klassiker auch so wunderbar cremig!

FÜR DIE RIGATONI CARBONARA

500 g Rigatoni | 8 Eigelb | 150 g Pecorino Romano, fein gerieben **| Salz, Pfeffer**
1 Schuss Olivenöl | 100 g Guanciale (gepökelte Schweinebacke)

Nudeln bis 1 Minute vor al dente garen. Etwa 100 ml vom Nudelwasser aufbewahren. Die Eigelbe mit 120 g Pecorino verrühren und mit Salz und Pfeffer abschmecken. 30 ml vom abgekühlten Nudelwasser unterrühren.

Den Guanciale in feine Streifen schneiden, Öl in einer Pfanne erhitzen und das Fleisch darin scharf anbraten, bis sich das Fett verflüssigt hat. Herausnehmen und auf Küchenpapier abtropfen lassen, die Pfanne aber nicht auswischen. 40 ml Nudelwasser in die Pfanne geben, die Nudeln hinzufügen und einmal heiß durchschwenken. Die Pfanne von der Hitze nehmen und die Ei-Käse-Mischung unterheben. Ordentlich mit schwarzem Pfeffer aus der Mühle würzen. Die Hälfte des Guanciale unter die Pasta heben und durchschwenken, bis alles schön cremig ist. Wichtig: Die Pfanne nicht mehr zurück auf den Herd stellen, damit aus der Sauce kein Rührei wird.

Mit dem restlichen Pecorino, Guanciale und buntem Pfeffer garnieren und sofort servieren.

Da das Eigelb nicht komplett durchgegart wird, nehmen wir im Mamma Lina immer sehr frische Eier. Wenn Ihr keinen Guanciale bekommt, könnt Ihr stattdessen auch Pancetta oder Schwarzwälder Bauchspeck nehmen

20 Minuten | mit Fleisch | Für 2 Personen

COLONNE DI POMPEI MIT **SCHNELLER BOLOGNESE**

Mit diesem Gericht kommen Fusilli-Fans voll auf ihre Kosten! Wir haben hier nämlich einen Klassiker mit einer außergewöhnlichen Nudel kombiniert: der Colonne di Pompei von der Fabbrica della Pasta di Gragnano der Familie Moccia. Die vermutlich größte Fusilli der Welt schmeckt perfekt in Kombination mit einer cremigen Bolognese, die so richtig schön in die Nudel hineinkriecht!

FÜR DIE COLONNE DI POMPEI MIT BOLOGNESE

200 ml Napolisauce (siehe S. 137) | **250 g Colonne di Pompei** | **50 g Karotte** | **50 g Stangensellerie** **30 g Zwiebeln** | **40 g Petersilie** | **50 g Butter** | **250 g Hackfleisch** | **1 Knoblauchzehe** | **Salz, Pfeffer** **60 g Parmesan**

Zunächst die Napolisauce wie im Rezept auf Seite 137 angegeben zubereiten. Die Colonne di Pompei bis 1 Minute vor al dente kochen, aus dem Wasser nehmen und 100 ml vom Nudelwasser für später aufbewahren.

Die Karotte und den Stangensellerie waschen, die Zwiebel schälen und alles in kleine Würfel schneiden. Die Petersilie fein hacken. Eine Pfanne mit Butter erhitzen und das Gemüse für 3–4 Minuten darin anbraten. Nun das Hackfleisch dazugeben und so lange weiterbraten, bis es kräftig Farbe annimmt. Die Knoblauchzehe dazupressen und mit Salz und Pfeffer abschmecken.

Bei der Colonne di Pompei dürft Ihr die Kochzeit von stolzen 15 Minuten nicht unterschätzen

Alles mit Napolisauce aufgießen und für etwa 5 Minuten weiterköcheln lassen. Anschließend die vorgekochten Nudeln in die Sauce geben, etwas vom aufbewahrten Nudelwasser zugeben (sonst wird die Sauce schnell recht dick) und alles gut durchschwenken, sodass sich die Pasta mit der Sauce verbindet. Wer will, kann noch etwas geriebenen Parmesan unterrühren.

Die Nudeln mit der Hackfleischsauce auf zwei Teller verteilen, etwas Parmesan darüber reiben und sofort servieren.

'87 MAMMA LINA
by Tortora Brother's
PIZZA
TCHEN
BAR
AMMA LINA
by Tortora Brother's
IZZA

36 JAHRE – UND KEIN BISSCHEN LEISE

YES PLEASE, MAMMA LINA!

Das Restaurant der Tortoras in Baden-Baden besitzt längst über die Stadtgrenzen hinaus Kultcharakter. Das liegt vor allem an der Kreativität bei der Interpretation der authentischen italienischen Küche – aber ganz sicher auch am ganz besonderen Wesen der Familie...

Es sind noch zwei Stunden, bis die Gäste kommen. Noch zwei Stunden bis zum großen Geburtstag. 36 Jahre Mamma Lina, das muss gefeiert werden! Und bitte nicht nur mit einem Glas Sekt zum Feierabend, sondern mit einer richtigen Party. Viele Stammgäste haben sich angekündigt, dazu lokale Berühmtheiten aus Sport, Wirtschaft und Gesellschaft. Die Familie natürlich, dazu Partner und Freunde, Influencer und Medienleute. Ob Jens „Knossi" Knossalla heute kommt? Frank Elstner? Oder Stammgast Thomas Gottschalk?

Die Vorbereitungen für diesen Abend laufen seit Wochen. Alle Stühle, alle Tische sind für die Party aus dem Haus geräumt worden. Im Garten steht eine große Bühne für die Band, Gennaro Vitale – der singende Pizzabäcker aus Mannheim – hat seine Ape mit Ofen und Theke schon in Stellung gebracht und singt aus purer Freude schon mal ein paar Strophen. Die Vorfreude ist schier mit Händen zu greifen, als Angelo und Roberto noch einmal kurz ihr Team zusammenrufen. Letzte Hinweise für einen großartigen Abend, noch mal kurz alle Zuständigkeiten klären und die Mannschaft motivieren: Es wirkt ein bisschen wie bei einer Handballmannschaft, die in der Auszeit um den Trainer herumsteht und noch mal die Taktik durchgeht. Wer macht den Kreisläufer? Wer bleibt im Rückraum? Wer knackt die Austern und wer macht die Trüffelpasta im Parmesan-Laib?

Solche Fragen sind bei den Gastköchen schon geklärt — alle gleichermaßen Amici des Hauses. Denn heute soll es, wie in diesem Buch, Gerichte mit Freunden geben. Und für Freunde natürlich. Farid Fazel aus dem Fritz & Felix im nahen Brenners Park-Hotel checkt noch mal schnell die Glut in seinem Big Green Egg, wo über der Holzkohle gleich rote Garnelen gegrillt werden. Vor der Bar steht Dario Fontanella-Gregori, der legendäre und 71 Jahre junge Erfinder des Spaghetti-Eises aus Mannheim, mit seiner mobilen Eisdiele und legt sich die

Zu einer ordentlichen neapolitanischen Geburtstagsfeier gehört ein bisschen Pyro einfach dazu. Team und Gästen hat die wilde Sause in jedem Fall gefallen (wie man auf den kommenden beiden Seiten unschwer erkennen kann)

große Spätzlepresse fürs cremige Vanille-Gelato zurecht. Mario Aliberti aus dem Ivy in Karlsruhe schmeckt derweil in der Küche seine Meeresfrüchte noch ab, die er gleich mit frisch aufgeschnittener Stachelmakrele servieren wird. Und wo sonst Pizzen über die Theke gehen, werden heute Wagyu-Hot-Dogs in einer Holzkiste geräuchert.

Klingt alles nach ganz großem Kino, ist aber letztlich nichts anderes als Angelos Art, mal „Danke" zu sagen, sich bei den Gästen zu revanchieren, das Team hochleben zu lassen und vor allem, sich vor den Eltern zu verneigen, die das Mamma Lina – benannt nach der Oma – im Jahr 1987 aus der Taufe gehoben haben. Carmine und Petra Tortora haben mit viel harter Arbeit den Grundstein für all das gelegt, was heute als angesagtestes Baden-Badener Restaurant gilt. Während mittlerweile in der Gastro über die Vier-Tage-Woche lamentiert wird, kann sich Carmine noch gut daran erinnern, wie es in den Anfangsjahren mit der Sieben-Tage-Woche so war ...

Das neue Mamma Lina tickt inzwischen dennoch etwas anders als damals. 2015 übernahmen Angelo und Roberto den Betrieb in zweiter Generation. Aus sieben Mitarbeitern sind seither mehr als 40 geworden. Bei Open Table war man Pionier, auf Instagram folgen 60 000 Fans den Tortoras, die ihre Follower mit vielen kleinen Videos an ihrem Alltag teilhaben lassen. Da wird in der Küche getanzt oder ein neues Rezept vor der Kamera zubereitet, da gibt es den Gastro Realtalk und superviele Einsichten in das Gefühlsleben zweier Vollblut-Gastronomen, die sich noch immer wie bolle freuen, wenn wieder mal ein Plácido Domingo zu Gast ist, eine Isabel Edvardsson oder auch ein Johannes Oerding. Das Erfolgsrezept dabei: viel gute Laune, ein breites Grinsen und das immer wiederkehrende „Yes, please!" und „Chaka!" von Angelo. Beides hat sich im Mamma Lina längst versinnbildlicht. Nach dem Motto: Lasst uns die Dinge einfach anpacken! Und weiter – das ist den Brüdern mindestens genauso wichtig: Lasst uns dabei auch Spaß haben!

Dazu kommen der eigene Anspruch an gutes Essen, einen guten Service, eine hohe Aufenthaltsqualität und ganz viel Liebe zum Detail als Basis des Erfolgs. All das haben sich die Brüder nicht nur von den Eltern, sondern auch in ihren Ausbildungsbetrieben abgeschaut: im Fünf-Sterne-Resort Dollenberg, auf dem vom Michelin so geliebten Schloss Eberstein und anderswo.

Bei aller Professionalität: Man merkt auch an diesem Geburtstagsabend, wie Angelo und Roberto für ihr Mamma Lina brennen. Und diese Passion ist ansteckend, sie überträgt sich auf das Team und hebt die Stimmung der Gäste. Und so vertilgen sie an diesem Abend eben nicht nur die köstlichen Piatti der Amici, sondern lassen es anschließend bei Vino und Cocktails auch ordentlich krachen. So muss das! Auf die nächsten 36 Jahre ...

... in denen laut Angelo eines aber in jedem Fall so bleiben soll, wie es ist: „Wir sind ein Lokal für jedermann. Ob mit großem oder kleinem Geldbeutel – bei uns sind alle willkommen und herzlich eingeladen, im Mamma Lina eine gute Zeit zu verbringen", sagt er. Und man spürt, dass er das sehr ernst meint ...

20 Minuten | vegetarisch | Für 4 Personen

PACCHERI MIT **WODKA**

Dieses Gericht hat Angelo aus seinem Urlaub in New York mitgebracht – und nun servieren wir Pasta mit einem schönen Schwips im Mamma Lina. Unsere Gäste mögen's gern – genau wie wir! Wir lieben einfach die Kreation aus cremiger Eleganz mit einem Hauch Wodka. Passend dazu gibt es Paccheri – was so viel wie Ohrfeige heißt und von dem Geräusch kommt, das die Nudeln beim Essen machen

Achtet beim Kauf des Wodkas auf Qualität. Ein hochwertiger Wodka wie Belvedere ist in der Regel weicher, während billiger Wodka oft zu scharf ist. Den wiederum nehmen wir zum Polieren von Tellern…

FÜR DIE PACCHERI MIT WODKA

500 g Paccheri | 20 g Butter | 20 ml Olivenöl | 30 g Zwiebeln | 8 Kirschtomaten, geviertelt
50 ml Wodka | 200 g Napolisauce (siehe S. 137) **| 1 Handvoll Basilikumblätter | Salz, Pfeffer**
20 ml Olivenöl | 20 g Parmesan, gerieben **| 240 g Burrata | 5 g schwarzer Pfeffer**

Nudeln bis 1 Minute vor al dente kochen und abgießen. Dabei etwa 100 ml vom Nudelwasser aufbewahren.

Butter und Olivenöl in einer Pfanne erhitzen und Zwiebeln darin anbraten. Kirschtomaten hinzufügen. Alles mit Wodka ablöschen. Napolisauce aufgießen und einkochen lassen. Immer wieder etwas vom Nudelwasser in die Pfanne geben, damit die Sauce schön cremig wird und gut an den Nudeln haften bleibt.

Sauce mit einem Teil der Basilikumblätter, Salz, Pfeffer und Olivenöl abschmecken. Parmesan dazugeben, damit sich alles gut bindet, dann die Nudeln hinzugeben und alles gut durchschwenken.

Die Pasta auf einem Teller anrichten. Dafür die Burrata in grobe Streifen schneiden und wie die restlichen Basilikumblätter, den Pfeffer und einen guten Schuss Öl über die Nudeln geben.

120 Minuten | vegetarisch | Für 4 Personen

PURPLE GNOCCHI AUS **LILA KARTOFFELN**

Über Gnocchi könnte man eigentlich ein eigenes Buch machen. Denn die kleinen Teigwaren auf Kartoffelbasis sind super vielfältig. Man kann die Gnocchi ganz herbstlich mit Kastanienmehl und Pilzen zubereiten oder mit Kräutern arbeiten. Wir im Mamma Lina schwören auf die Kombination mit lila Kartoffeln, den sogenannten Urkartoffeln wie etwa Vitelotte. Die haben ein so tolles Aroma, dass es gar nicht viel dazu braucht

FÜR DIE PURPLE GNOCCHI

500 g Kartoffeln (mehligkochend) | **200 g lila Kartoffeln** (Vitelotte) | **300 g Instantmehl** (Dunst)
3 Eigelb, Größe M | **100 g Butter** | **10 g Salz** | **50 g Butter** | **100 ml Kochsahne**
10 g Trüffel, frisch gehobelt | **Salz, Pfeffer** | **etwas Basilikum-Kresse als Deko**

Um das typische Gnocchi-Muster zu bekommen, könnt Ihr die geformte Kartoffelmasse mit einer Gabel leicht eindrücken. So entsteht die klassische Riffelung

Die mehligkochenden Kartoffeln als Pellkartoffeln in einem Topf mit Wasser kochen, bis sie weich sind. Abgießen, pellen und durch eine Kartoffel- oder Spätzlepresse drücken, um eine glatte Kartoffelmasse zu erhalten. Ein Stampfer tut's auch, nur in die Küchenmaschine oder einen Mixer dürfen die Kartoffeln nicht, da sie sonst wie Kleister kleben. Die Masse abkühlen lassen.
Die Vitelotte ebenfalls als Pellkartoffeln kochen, pellen und auch durch eine Kartoffelpresse drücken.

Die Kartoffelmassen miteinander vermengen und das Instantmehl, das Eigelb und die Butter hinzufügen. Salz dazugeben und alles zu einem geschmeidigen Teig verkneten. Der Teig sollte nicht zu klebrig sein. Falls nötig, noch etwas Mehl hinzufügen.

Den Teig in Portionen teilen und auf einer bemehlten Oberfläche erst zu langen Rollen formen und dann in kleine Stücke schneiden. Einen großen Topf mit gesalzenem Wasser zum Kochen bringen. Die Gnocchi portionsweise ins kochende Wasser geben und kochen, bis sie an die Oberfläche steigen. Mit dem Schaumlöffel herausnehmen und abtropfen lassen. Etwas Kochwasser aufbewahren.

Butter in der Pfanne zerlassen. Gnocchi darin kurz anbraten. Alles mit Kochsahne aufgießen und mit Salz und Pfeffer abschmecken. Falls die Masse zu cremig wird, etwas Kochwasser dazugeben. Anrichten und mit dem frischen Trüffel und der Basilikum-Kresse dekorieren.

120 Minuten | mit Fleisch | Für 4 Personen

PAPPARDELLE MIT **KALBFLEISCHRAGOUT**

Dieses herrliche cremige Gericht ist eines der beliebtesten im Mamma Lina – selbst bei hochsommerlichen Temperaturen können unsere Gäste einfach nicht genug davon bekommen! Kein Wunder: Durch das langsame Schmoren im Ofen und auf dem Herd wird das Kalbfleisch so butterzart, dass es fast auf der Zunge zerfällt …

FÜR DAS RAGOUT

500 g Kalbfleisch aus der Schulter oder Tafelspitz | Salz, Pfeffer | 40 ml Sonnenblumenöl oder kaltgepresstes Olivenöl | 1 große Zwiebel | 1 Liter Weißwein, z. B. Pinot Grigio **| 3 Lorbeerblätter 5 Wacholderbeeren | ½ EL Oregano | 1 Schuss Olivenöl | ½ Liter Wasser**

Den Ofen auf 180 Grad vorheizen. Dabei ein Backblech auf der untersten Schiene mit aufheizen. Das Kalbfleisch in grobe Stücke schneiden, salzen, pfeffern und mit 20 ml Öl vermengen. Auf ein weiteres, mit Backpapier belegtes Backblech geben. Sobald der Ofen aufgeheizt ist, etwa 100 ml Wasser auf das vorgeheizte Backblech gießen und das Blech mit dem Kalbfleisch auf die mittlere Schiene stellen. Fleisch etwa 30 Minuten garen.

Dazu passen auch Parmesan-Chips. Dafür Parmesan fein reiben, in kleinen Häufchen auf ein mit Backpapier belegtes Backblech setzen und im vorgeheizten Ofen bei 200 Grad etwa 8 Minuten backen

Die Zwiebel klein schneiden und in einem Topf mit dem restlichen Öl anschwitzen. Das Ragout dazugeben und alles mit Weißwein ablöschen. Lorbeerblätter, Wacholderbeeren, Oregano, den Schuss Olivenöl und etwas Salz dazugeben und für etwa eine Stunde bei kleiner Hitze schmoren lassen. Dabei immer wieder etwas Wasser nachgießen, damit das Ragout nicht zu sehr eindickt.

FÜR DIE PASTA

500 g Pappardelle | 20 g Butter | 200 ml Kochsahne | 40 g Petersilie, gehackt
40 g Parmesan, frisch gerieben **| Salz, Pfeffer**

Nudeln bis 1 Minute vor al dente garen und abgießen. Dabei etwa 100 ml vom Nudelwasser aufbewahren. Das Kalbsragout in einer Pfanne erhitzen, die Butter dazugeben und alles einköcheln lassen. Immer wieder etwas vom Nudelwasser unterrühren, damit die Sauce schön cremig wird und gut an den Nudeln haften bleibt. Jetzt die Pappardelle, Kochsahne, Petersilie und den Parmesan dazugeben, alles gut durchschwenken und mit Salz und Pfeffer abschmecken. Einmal kurz aufkochen, bis sich alles verbindet.

Nach Belieben mit etwas Milchschaum oder Blutampferkresse dekorieren und sofort servieren.

30 Minuten | mit Fleisch | Für 4 Personen

PURPLE PASTA MIT **GUANCIALE**

Purple Rigatoni! Sehen toll aus, oder? Die knallige Farbe kommt vom Rotkohl. Der bildet die Basis der Sauce. Gemeinsam mit dem würzigen und deftigen Guanciale – einer luftgetrockneten Spezialität aus der Schweinebacke – überzeugt diese Pasta nicht nur farblich, sondern auch geschmacklich. Da werden Eure Gäste aber gucken, wenn Ihr das serviert – am besten natürlich mit Purple Rain auf der Playlist…

FÜR DIE PURPLE RIGATONI MIT GUANCIALE

100 g Guanciale (gepökelte Schweinebacke) | **400 g Rotkohl** | **500 g Rigatoni** | **1 EL Olivenöl**
400 ml Kochsahne | **50 g Pecorino,** fein gerieben | **Salz, Pfeffer**

Den Guanciale in feine Streifen schneiden. Wenn Ihr die Schweinebacke bei Eurem Metzger nicht bekommt, könnt Ihr stattdessen auch geräucherten Bauchspeck verwenden.

Habt Ihr gewusst, dass es für das Schneiden von Kohl oder Sellerie extra Messer gibt? Boscher heißen diese besonderen Gemüsemesser mit gerader Schnittfläche und abgerundetem Rücken

Den Rotkohl putzen und klein schneiden.

Die Nudeln aufsetzen und parallel dazu das Olivenöl in eine Pfanne geben und den geschnittenen Guanciale scharf anbraten, bis das Fett sich verflüssigt hat. Den Speck herausnehmen und auf Küchenpapier abtropfen lassen, die Pfanne aber nicht auswischen.

Den Rotkohl in der Pfanne ansetzen, mit der Kochsahne aufgießen und kochen, bis er weich ist. Jetzt die Sauce mit einem Pürierstab aufmixen, dann den geriebenen Pecorino unterheben. Um die Konsistenz perfekt hinzubekommen, immer wieder etwas vom Nudelwasser in die Pfanne geben, damit die Sauce bindet und schön cremig wird.

Die Rigatoni al dente aus dem Kochwasser nehmen, in die Pfanne mit der Sauce geben und gut durchschwenken. Jetzt den Guanciale hinzufügen und mit Pfeffer abschmecken. Salz braucht es meist nicht, weil der Guanciale von Haus aus sehr salzig ist.

30 Minuten | vegetarisch | Für 4 Personen

HEALTHY RIGATONI MIT **GEBRATENER AVOCADO**

Das ist Pasta mit Pflanzen-Power: In diesem Rezept mischen wir Rigatoni mit Avocados und Ricotta. Avocados sind besonders reich an ungesättigten Fettsäuren, weshalb man hier gerne mal reinhauen darf. Knackige Kirschtomaten und würziger Ricotta vollenden den kräftigen Geschmack – und die Chili sorgt für die richtige Würze. Kresse und schwarzer Basilikum peppen dieses tolle Gericht optisch noch auf

FÜR DIE RIGATONI MIT AVOCADO

500 g Rigatoni | 2 Zitronen | 3 Avocados | 100 g Joghurt | 5 g Paprikapulver | 40 ml Olivenöl 1 kleine Chili | 20 g Butter | 12 Kirschtomaten | Salz, Pfeffer | 20 ml Olivenöl Ricottacreme (siehe S. 136) **| Shiso Purple und Shiso Green als Deko** (z. B. von Koppert Cress)

Nudeln bis 1 Minute vor al dente kochen und abgießen. Dabei etwa 100 ml vom Nudelwasser aufbewahren.

Die Zitronen auspressen. Zwei reife Avocados schälen und in einen Mixer geben. Zusammen mit dem Joghurt, Zitronensaft, Paprikapulver und Olivenöl mixen. Falls die Masse etwas zu fest wird, ein wenig Nudelwasser hinzugeben.

Chili in Streifen schneiden. Butter in die Pfanne geben und Kirschtomaten mit der Chili in Butter anbraten. Dabei immer wieder etwas vom Nudelwasser in die Pfanne geben, damit alles schön cremig wird. Die gekochten Rigatoni hinzugeben, mit der Avocadosauce aufgießen und mit Salz und Pfeffer würzen.

Die letzte Avocado achteln und separat in Olivenöl anbraten. Jetzt die Nudeln auf vier vorgewärmten Tellern anrichten, die gebratene Avocado obenauf legen. Die Ricotta-Creme mit einer Spritztüte oder aus einer Isi-Flasche am Rand der Nudeln aufspritzen, dann mit Shiso Purple und Shiso Green ausdekorieren.

Reife Avocados erkennt Ihr daran, dass sie auf Druck leicht nachgeben, aber nicht zu weich sind. Der Stielansatz sollte gelb sein

20 Minuten | vegetarisch | Für 2 Personen

TAGLIOLINI TARTUFO MIT **SCHWARZEM TRÜFFEL**

Wenn die schwarzen Trüffel im Winter Hochsaison haben, machen wir uns im Mamma Lina an die Produktion unseres hauseigenen Trüffelpestos. Unsere Bandnudeln sind dadurch – in Kombination mit dem frischen Trüffel – geschmacklich nicht zu übertreffen. Genau deshalb gehört diese Pasta auch unbestritten zu unseren ganz persönlichen Lieblingen

FÜR DAS TRÜFFELPESTO

50 g weiße Champignons | 10 g Butter | 25 g frische Burgunder- oder Perigord-Trüffel
125 ml Kochsahne | 20 ml Trüffelöl | 60 ml Wasser | Salz, Pfeffer

Champignons putzen, kleinschneiden und in einer Pfanne mit Butter anbraten. Abkühlen lassen und in ein hohes Gefäß oder in den Thermomix geben.

Trüffel, Kochsahne und Trüffelöl dazugeben und fein pürieren. Dabei nach und nach Wasser hinzugeben, bis eine dickflüssige Masse entsteht. Mit Salz und Pfeffer abschmecken.

Frischen Trüffel kann man im Kühlschrank für zwei, drei Tage in einem verschlossenen Glas mit etwas trockenem Reis gut aufheben. Der Reis nimmt dabei den Trüffelgeschmack an – perfekt für Risotto!

FÜR DIE TAGLIOLINI MIT TRÜFFEL

250 g Tagliolini | 100 g Kochsahne | Salz, Pfeffer | 25 g Parmesan | 10 g schwarzer Trüffel

Nudeln bis 1 Minute vor al dente kochen und abgießen. Dabei etwa 100 ml vom Nudelwasser aufbewahren.

Kochsahne in die Pfanne geben und einmal aufkochen lassen. Trüffelpesto dazu geben, mit Salz und Pfeffer abschmecken. Wichtig: nicht mehr kochen lassen, damit das feine Trüffelaroma nicht verloren geht.

Die Nudeln in die Sauce geben, je nach gewünschter Konsistenz der Sauce immer wieder etwas vom Nudelwasser dazugeben und mit Parmesan andicken. Die Hälfte vom Trüffel mit einem Trüffelhobel in dünne Scheiben hobeln und bereitstellen. Den Rest vom Trüffel mit einer Reibe zu feinen Spänen verarbeiten und unter die Sauce heben. Alles gut durchschwenken und mit dem gehobelten Trüffel anrichten.

45 Minuten | mit Fleisch | Für 4 Personen

TAGLIATA VOM RIND
MIT RUCOLA UND KIRSCHTOMATEN

Die Tagliata di Manzo, wörtlich „aufgeschnittenes Rindfleisch", ist ein echter italienischer Klassiker! Bei diesem Gericht wird ein saftig rosa gebratenes Steak, meist Entrecôte oder Rumpsteak, in Scheiben geschnitten und mit Beilagen wie Tomaten, Rucola, Oliven oder Parmesan serviert. In unserer Variante kombinieren wir außerdem frische Pfifferlinge dazu – und setzen all das auf ein Bett aus Ziti-Nudeln

FÜR DIE TAGLIATA VOM RIND

500 g Ziti | 150 g Rucola | 8 Kirschtomaten | 200 g Pfifferlinge | 1 Schalotte 4 Entrecôte-Steaks, je 180 g **| 2 EL Bratöl | 50 g Butter | 50 ml Rotwein 60 g Parmesan,** frisch gerieben **| grobes Meersalz, Pfeffer | 4 EL Olivenöl | 2 EL Zitronensaft**

Die Nudeln bis 1 Minute vor al dente kochen. Etwa 100 ml Nudelwasser aufbewahren.

Rucola waschen und abtropfen lassen. Die Kirschtomaten vierteln, die Pfifferlinge putzen und je nach Größe in mundgerechte Stücke schneiden. Die Schalotte fein würfeln.

Die Steaks jeweils für 2 Minuten von jeder Seite scharf in einer Pfanne mit Bratöl anbraten. Danach in der Pfanne abdecken und für weitere 5–7 Minuten ruhen lassen. Die Steaks herausnehmen und warm stellen. Butter und Rotwein zum Bratsaft in die Pfanne geben, alles erhitzen und die Nudeln dazugeben. Gut durchschwenken und Parmesan in die Pfanne reiben. Für etwa 2–3 Minuten simmern lassen, bis die Nudeln schön glasiert sind. Bei Bedarf noch etwas vom aufbewahrten Nudelwasser zugeben, damit die Sauce nicht zu dick wird.

Parallel dazu die Schalotten mit den Pfifferlingen in einer separaten Pfanne für 3–4 Minuten in etwas Butter anbraten.

Die Nudeln gleichmäßig auf den 4 Tellern verteilen, die Steaks aufschneiden und auf den Nudeln platzieren. Das Fleisch pfeffern und mit grobem Meersalz bestreuen. Den Rucola mit etwas Olivenöl, Zitronensaft, Salz und Pfeffer marinieren und zusammen mit den Pfifferlingen und den Tomaten auf die Nudeln geben.

Entrecôte hat einen intensiven Eigengeschmack, deshalb braucht es nicht viele Gewürze. Das Fleisch würzt Ihr am besten erst, wenn es schon gar ist

20 Minuten | mit Fleisch | Für 2 Personen

'87 TAGLIATELLE MIT **SALSICCIA**

Wer Bolognese am liebsten mit Hackfleisch-Ragout isst, findet das passende Rezept dazu auf Seite 49. Wenn Ihr für besondere Anlässe aber gerne mal etwas Abwechslung auf den Teller bringen wollt, empfehlen wir Euch diese Variante mit wunderbar würziger Fenchel-Salsiccia. Die edlen Würstchen machen aus der simplen Bolognese ein fantastisches Gericht für zwei!

Fenchel-Salsiccia bekommt man hierzulande mittlerweile in vielen italienischen Feinkostläden. Wenn Ihr sie nicht findet, könnt Ihr aber auch eine andere rohe Bratwurst (wie z. B. Chorizo) verwenden

FÜR DIE TAGLIATELLE MIT SALSICCIA-BOLOGNESE

250 g Tagliatelle | 10 ml Olivenöl, kaltgepresst **| 2 Fenchel-Salsicce** (etwa 150 g)
1 Knoblauchzehe | 6 Kirschtomaten, gelb oder rot, geviertelt **| 150 ml passierte Tomaten**
10 g Petersilie, gehackt **| Salz, Pfeffer | 1 EL Butter | 10 g Parmesan,** frisch gerieben
frisches Basilikum oder Fenchelgrün

Die Tagliatelle bis 1 Minute vor al dente garen. Etwa 100 ml vom Nudelwasser aufbewahren.

Öl in einer Pfanne erhitzen. Die Salsicce fein aus dem Darm herauszupfen und scharf anbraten. Knoblauch pressen, mit den Kirschtomaten in die Pfanne geben und alles mit den passierten Tomaten aufgießen. Die gehackte Petersilie dazugeben und alles aufkochen lassen. Dabei immer wieder etwas vom Nudelwasser in die Pfanne nachschütten – die darin enthaltene Stärke sorgt dafür, dass die Sauce schön cremig wird und gut an den Nudeln haften bleibt.

Die Tagliatelle unterrühren und alles mit Salz und schwarzem Pfeffer abschmecken. Butter und den Parmesan hinzugeben und einköcheln lassen. Mit etwas frischem Basilikum oder Fenchelgrün dekorieren und sofort servieren.

Nach Belieben könnt Ihr auch ein paar Spritzer Kräuteröl (siehe S. 137) darüber träufeln.

120 Minuten | mit Fleisch | Für 8 Personen

OBELIX UND SEIN **WILDSCHWEIN-RAGOUT**

Wildschwein gehört in Italien fest auf den Speiseplan, egal ob als Salami, als Schinken oder als Ragout, bei dem es vor allem eins braucht: Geduld. Ist ja sonst nicht so unsere Stärke, aber für dieses herbstliche Seelenfutter lohnt es sich, ein wenig vorzuplanen. Unser Tipp: Macht ruhig mehr! Denn das Ragout ist auch am nächsten Tag noch unglaublich lecker …

FÜR DAS WILDSCHWEIN-RAGOUT

800 g Wildschweinfleisch (aus der Schulter) | **1,5 Liter Rotwein** (zum Einlegen) | **3 Zwiebeln,** geviertelt | **2 Lorbeerblätter** | **6 Nelken** | **4 Wacholderbeeren** | **750 ml Rotwein** | **1 Liter Wasser**

Die Wildschwein-Schulter ein bis zwei Tage vor der eigentlichen Zubereitung in Rotwein einlegen und am besten einvakuumieren. Nach Belieben könnt Ihr an die Rotwein-Marinade auch noch etwas Pfeffer sowie ein paar Lorbeerblätter, Nelken und Wacholderbeeren geben.

Am Zubereitungstag das Fleisch aus der Marinade nehmen, in mundgerechte große Würfel schneiden und einen großen Topf mit Zwiebeln, Lorbeerblättern, Nelken, Wacholderbeeren, Rotwein und Wasser aufsetzen. Das Fleisch darin so lange simmern lassen, bis es weich geschmort ist. Das dauert etwa 75 bis 90 Minuten.

Mit Wildschwein (italienisch Cinghiale) kann man auch eine großartige Bolognese zubereiten – da Wildschwein aber so mager ist, mischen wir immer auch ein bisschen Pancetta (Bauchspeck) unter

FÜR DIE PASTA

600 ml Napolisauce (siehe S. 137) | **1 kg Rigatoni** | **40 ml Olivenöl** | **200 g Parmesan**, gerieben
Salz, bunter Pfeffer

Die Napolisauce wie im Rezept auf Seite 137 beschrieben zubereiten. Die Rigatoni bis 1 Minute vor al dente garen. Etwa 100 ml vom Nudelwasser aufbewahren.

Das geschmorte Fleisch aus dem Topf nehmen, in Olivenöl kurz anbraten, mit Napolisauce aufgießen und für 5 Minuten köcheln lassen. Rigatoni und Parmesan zugeben, alles gut durchschwenken und für 3 Minuten simmern lassen. Bei Bedarf etwas vom aufbewahrten Nudelwasser in die Pfanne geben, damit die Sauce schön cremig wird und gut an den Nudeln haften bleibt.

Mit Salz und buntem Pfeffer abschmecken, anrichten und sofort servieren.

30 Minuten | mit Fisch | Für 4 Personen

SAFRAN-MAFALDINE MIT **YELLOW SCALLOPS**

Die besten Jakobsmuscheln werden vor der Küste der Normandie gefangen – und sind so begehrt, dass es schon handfeste Auseinandersetzungen zwischen französischen und britischen Fischern gab, die sich gegenseitig mit ihren Booten gerammt haben. In Italien geht es da friedlicher zu, wobei die Mittelmeer-Jakobsmuscheln ihren Verwandten im Ärmelkanal geschmacklich in nichts nachstehen

FÜR DIE SAFRAN-MAFALDINE MIT YELLOW SCALLOPS

150 ml Beurre blanc (siehe S. 137) | **500 g Mafaldine** | **100 g frischer Spinat** | **1 Vanilleschote**
50 g Butter | **2 g Safran** | **200 ml Kochsahne** | **8 Jakobsmuscheln** | **Salz, Pfeffer**

Die Vanilleschote kratzt Ihr am besten mit einem kleinen Messer aus. Ihr solltet die Schote der Länge nach einschneiden, sodass Ihr sie aufklappen könnt. Dann lässt sich mit der Messerspitze das Mark auskratzen

Die Beurre blanc zubereiten und beiseitestellen (siehe S. 137).

Nudeln bis 1 Minute vor al dente kochen und abgießen. Dabei etwa 200 ml vom Nudelwasser aufbewahren.

Derweil den Spinat in kochendem Wasser kurz blanchieren, herausnehmen und in Eiswasser abschrecken, damit die Farbe erhalten bleibt.

Vanilleschote auskratzen, aber die Schale der Vanilleschote nicht wegwerfen. Die Hälfte der Butter in die Pfanne geben und bei leichter Hitze Safran und Vanillemark durchschwenken, damit beides Aroma und Farbe abgeben kann. Mit der Kochsahne aufgießen und dabei immer wieder etwas Nudelwasser dazugeben, damit eine cremige Sauce entsteht.

In einer separaten Pfanne die andere Hälfte der Butter erhitzen, die Vanilleschote dazugeben und die Jakobsmuscheln in Butter von beiden Seiten scharf anbraten. Dann bei reduzierter Hitze noch zwei Minuten ziehen lassen. Auf diese Weise extrahieren wir auch noch den letzten Rest der Vanille.

Währenddessen die Beurre blanc erwärmen und mit einem Pürierstab schaumig mixen.

Jetzt die Nudeln in die Sauce geben und alles gut miteinander vermischen. Die Jakobsmuscheln und den blanchierten Spinat unterheben, noch einmal durchschwenken und anrichten.
Zum Schluss die Jakobsmuscheln und die Nudeln mit ein paar Löffeln aufgeschäumter Beurre blanc übergießen und sofort servieren.

30 Minuten | mit Fisch | Für 2 Personen

SPINAT FETTUCCINE MIT **GAMBERI ROSSI**

Rosarot und verführerisch kommen die roten Garnelen daher. Als Tatar – mariniert mit frischem Limettensaft, Koriander und Chili – bilden sie das kulinarische Highlight dieses Rezepts. Aber auch die Spinat Fettuccine können sich sehen lassen. Ein rundum frisches und leichtes Gericht, perfekt für laue Sommerabende mit der oder dem Liebsten. Vielleicht noch ein Gläschen Rosé dazu, der alles abrundet?

FÜR DIE SPINAT FETTUCCINE MIT GAMBERI ROSSI

250 g Spinat Fettuccine | **4 Gamberi Rossi** (rote Garnelen) | **1 Limette,** Saft und Abrieb
5 ml Olivenöl, kaltgepresst | **1 Prise Meersalz** | **6 Korianderblätter,** gehackt | **etwas Chilipulver**
30 g Butter

Nudeln bis 1 Minute vor al dente kochen und abgießen. Dabei circa 50 ml vom Nudelwasser aufbewahren.

Die Gamberi Rossi schälen, den Kopf und den Darmfaden entfernen. Unter fließendem Wasser kurz kalt abspülen und trockentupfen. Mit einem sehr scharfen Messer ein feines Tatar aus den Garnelen schneiden und in eine Schüssel geben.

Die rubinroten Gamberi Rossi gelten als Delikatesse der italienischen Küche. Ihr bekommt sie vornehmlich in Feinkostläden und sehr guten Fischgeschäften

Das Tatar mit Limettensaft- und abrieb, Olivenöl, Meersalz, gehackten Korianderblättern und dem Chilipulver marinieren. Gut vermischen, die Schüssel beiseitestellen und fünf Minuten durchziehen lassen.

Butter in der Pfanne erhitzen. Die Nudeln hinzugeben, etwas vom Nudelwasser in die Pfanne löffeln und alles kurz anziehen lassen. Auf zwei Tellern verteilen, jetzt das Garnelentatar oben auf der Pasta anrichten und servieren.

ENTRATA
vema
USCITA
la Rosina

DAS GEHEIMNIS DER PELATI POMODORO

DIE RUSSOS MIT DEN **TOMATEN IM BLUT**

So richtig gern lassen die Tomatenkönige von Neapel Fremde nicht in ihre Fabriken blicken – umso schöner also, dass Giovanni Russo von La Rosina für uns eine Ausnahme gemacht hat, nach der wir Schältomaten aus der Dose noch mal anders sehen als je zuvor …

Reife Tomaten haben nicht viel Zeit. Am Straßenrand wartet schon der nächste Lkw, während auf dem Hof eine Lieferung entladen und verarbeitet wird. Wie Bienen schwirren Gabelstapler um den Lastwagen herum. Es rattert und zischt. Mittagszeit. Hitze, aber von Siesta keine Spur. Denn bei La Rosina warten noch immer Millionen leere Dosen. Im August ist die beste Erntezeit und jetzt, Mitte August, ist Hochphase. Von Ende Juli bis Ende September wird produziert, 70 Tage hat die Saison und bis zu 5000 Lastwagenladungen gehen in dieser Zeit über die Förderbänder.

Täglich rumpeln 70 Lkws über die Via Sacafati in Sant'Antonio Abate am Fuß des Lattari-Gebirges. Paolo steht am Straßenrand an der offenen Fahrertür seines Lkws. Er raucht eine Zigarette und wartet. Die Tomaten kommen direkt von den Feldern in Apulien aus der Provinz Foggia Sant'Antonio Abate in der Nähe von Pompeji, Gragnano und Angri, wo der Firmensitz von La Rosina liegt. Rund 200 Kilometer sind es von den riesigen Tomatenplantagen in Apulien bis nach Kampanien. Paolo wird heute noch eine zweite Ladung bringen, denn La Rosina produziert in der Erntezeit rund um die Uhr in drei Schichten.

Als sein Kollege mit leeren Boxen den Hof verlässt, fährt Paolo rückwärts auf die ebenerdige Fahrzeugwaage. Weiße Markierungen auf dem Gehweg entlang der Bodenwaage weisen wie ein Zebrastreifen den Weg von der Pforte in die Produktionshalle, aus der es zischt und knattert. Das Fahrgeräusch des einfahrenden Sattelschleppers ist kaum zu hören. Es geht im Rattern der Förderbänder unter, wie auch der Lärm der drei Gabelstapler, die vorwärts wie rückwärts über einen Teil des Außenhofs flitzen. Paolo hupt, während er langsam einparkt. So viel Zeit muss sein. Sicherheit geht vor. Gerade wenn Besuch ist, der sich vor der Pforte staut.

Ein kurzer Wortwechsel mit Paolo, „tutto bene?", dann entnimmt ein Mitarbeiter eine Handvoll Tomaten aus der Ladung. Paolo preist sie an. „Vado a vedere", ich sehe sie mir an, sagt der Mitarbeiter. Ein erster Blick auf Farbe, Form und Festigkeit, dann wird der Zuckergehalt gemessen, die Lieferung gewogen. Paolo sitzt wieder am Steuer und schaukelt den Lkw um die Ecke zwischen der Ladestation des Förderbandes und einem riesigen Regal mit leeren Boxen auf der anderen Seite. Nach Abdeckung der Plane schwirren die Ga-

Fließbandarbeit in Sant'Antonio Abate: An drei Bändern sortieren Facharbeiterinnen die zuvor gewaschenen und blanchierten Tomaten aus – weder Schalenreste noch unreife oder überreife Tomaten kommen an ihnen vorbei

belstapler um die Ladung herum und füttern die unentwegt klappernde und unersättlich erscheinende Waschanlage.

Der Takt des Geräusches steht der Lautstärke in nichts nach. Kaum von den Zinken der Gabelstapler aufs Förderband gelegt, wird die Box hochgezogen und in fließendes Wasser geschüttet. Dann leer zurück aufs Band, die nächste bitte. In der zum Hof hin offenen Anlage zieht ein Rechen aus den schwimmenden Tomaten grüne Stiele heraus, dann geht es ohne Wasser hinauf bis fast unter das Dach der Vorhalle. Einritzen, erhitzen, kühlen, rütteln. So verlieren die Tomaten ihre Schalen. Lärm, Dampf, Feuchtigkeit, Hitze. In der Vorhalle ist es heißer als in der prallen Sonne.

Im kleinen flachen Bürokomplex auf der anderen Seite der Pforte ist es angenehm kühl. Die Klimaanlage surrt. Mitarbeiter telefonieren leise. Giovanni Russo führt von hier aus in dritter Generation die Konservenfabrik. Zwei Millionen Dosen werden in den Sommermonaten befüllt – pro Tag! 1300 Dosen pro Minute, das ist der Takt. La Rosina hat zwei Größen: 400 Gramm und 2,5 Kilo. Von denen werden 180 000 Dosen am Tag gefüllt. Die großen gehen in die Gastronomie, die 400-Gramm-Dosen in den Handel. 17 Prozent der Produkte werden nach Deutschland geliefert, erzählt Giovanni Russo in seinem Büro mit Blick auf den Hof. Belgien, Norwegen, Holland und die Schweiz sind ebenfalls Importeure, aber auch Südafrika wird beliefert.

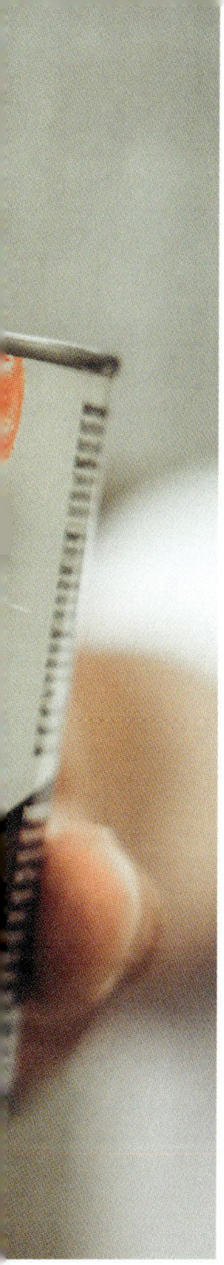

Nach dem Waschen ein Dampfbad, dann vorbei an der Qualitätskontrolle und zack sind die Tomaten in der Dose. Kaum zwei Stunden dauert es von der Anlieferung bis zum fertigen Produkt, das von Neapel aus in alle Welt geht

Der Großvater hat die Firma gegründet, und Giovanni Russo trägt nicht nur den gleichen Namen, sondern auch das vom Opa geäußerte Bekenntnis für das Produkt und die Authentizität der Rohstoffe. „Die Wurzeln von La Rosina liegen in der Kultur Süditaliens. Ein Gebiet und seine Besonderheiten zu respektieren, bedeutet nicht nur, es zu bewahren, sondern auch weiterzuentwickeln", beschreibt der Enkel die Firmenphilosophie. Die Firma begann als Einzelunternehmen, um die San-Marzano-Tomate zu bewahren, die untrennbar mit Kampanien verbunden ist, weil sie bei Salerno zum ersten Mal gezüchtet wurde. Heute bestimmen die San Marzano und die kleineren Datteltomaten bei La Rosina die Produktion. 50:50 ist das Verhältnis.

Nach der Waschstraße und dem Dampfbad kullern die Tomaten in der Haupthalle an vielen flinken Frauenhänden vorbei. Und erst, wenn sich die Tür zu dieser Halle öffnet, wird es richtig laut! Bis zu fünf Bänder nehmen die gewaschenen und geschälten Tomaten auf. Aktuell laufen aber nur drei, weil die Qualität so gut ist und wenig aussortiert werden muss.
Sieben Frauen stehen an den Bändern und fischen in höchstem Tempo Schalenreste, grüne, gelbe, mit schwarzen oder braunen Rissen versehene Tomaten vom Band. Das Tempo der Selektion ist kaum zu fassen. Im Takt mit dem ständigen Rattern der Anlage treffen die Frauen mit klarem Blick ihre Auswahl. „Unsere Mitarbeiterinnen sind sehr erfahren", erklärt Giovanni Russo.

Auf einer Brücke quer über alle Fließbänder steht ein Mann an einem Schalterpult – jederzeit in der Lage, den atemlosen Prozess abzustellen. Wie ein kurviges Autobahnkreuz führen unter seinen Füßen hindurch Bänder zum Zerkleinern der Tomaten – für polpa – und deren Weiterverarbeitung sowie zu den Dosen mit ganzen Tomaten – pomodori pelati. Tomatensoße dazu, Deckel drauf, dann sterilisieren bei über 90 Grad für 45 Minuten. Das ist hier das Tempo im Sommer. In der Halle liegt der Geruch von hoch erhitzter Tomatensoße. Ein Mitarbeiter spritzt ständig mit einem Schlauch den Boden ab und die durch das Tempo der Förderbänder aus den Kurven geflogenen Tomatenstücke weg. Das verstärkt den Eindruck, in einem Topf kochender Tomatensoße zu stecken, aus dem es dampft und auf dem der Deckel klappert.

„Ich habe Tomatensoße in meinen Adern“, sagt Giovanni Russo zurück in seinem Büro. Die Tradition und das Vermächtnis seines Großvaters hat er ebenfalls im Blut. Der Firmenname stammt von der ersten Enkelin des Firmengründers: Rosa. La Rosina heißt kleine Rosa. Die Firma beschäftigt 120 Mitarbeiter und bezahlt in Apulien 30 Landwirte, die die Tomaten anbauen und ernten. 15 bis 16 Cent pro Kilo erhalten sie dafür. Geerntet wird mechanisch. Rückverfolgbarkeit und zertifizierte Qualität der Produkte gehören auch zur Firmenphilosophie. „100 % italiano“ steht in den Landesfarben auf den Dosen. Dass „Made

in Italy“ nicht ausreichend ist, wissen auch deutsche Verbraucher. Obwohl Italien mit 6,1 Millionen Tonnen im Jahr 2022 der größte Tomatenproduzent Europas war, reicht die Menge nicht für die hohe Nachfrage aus. Vor allem aus China landen schiffsweise Tomatendosen in Italien, die nach EU-Recht, als „Made in Italy“ etikettiert werden dürfen, wenn ein Verarbeitungsschritt in Italien getätigt wird. Das Etikettieren zum Beispiel …

In einem Nebenraum der Haupthalle, in dem riesige Mengen leerer Dosen aus italienischer Produktion auf Paletten gestapelt sind, ist es etwas ruhiger. Die Bänder, die sich durch die ganze Halle schlängeln, rattern hier nicht. Mitarbeiter stehen entspannt an den Etikettiermaschinen und überwachen den letzten Arbeitsgang am Fließband, der das Einschweißen der Dosen bedeutet. Die großen Dosen gehen zu sechst vom Band. Auf Paletten gestapelt und mit Gabelstaplern in den Lagerbereich gerollt, verlassen sie in der Regel am selben Tag die Fabrik – auch wenn man anderes vermuten könnte, angesichts der haushohen Palettenstapel voller Schältomatendosen.

Der Lkw von Paolo ist derweil auf dem Hof von den Gabelstaplern mit leeren Boxen bestückt worden. Paolo befestigt sie mit Gurten, zieht eine Plane darüber und fährt vom Hof, während seine Lieferung schon fast vollständig verarbeitet ist. Draußen auf der Straße wartet der nächste Lastwagen aus Apulien.

Aus Apulien kommen die Tomaten für La Rosina – 70 solcher Ladungen mit bis zu 25 Tonnen Tomaten werden in der Saison Tag für Tag verarbeitet

WACKENHUT
PERFECT DRIVE
'87
CAPUTO
1924
Il mulino di Napoli
WACKENHUT
PERFECT DRIVE

Noch schnell ein Erinnerungsfoto mit Giovanni Russo, dem Chef der Tomatenfabrik La Rosina, dann geht es für Roberto und Angelo Tortora sowie Küchenchef Michele Arsuto zurück nach Neapel

60 Minuten | vegetarisch | Für 4 Personen

CANNELLONI MIT **SPINAT UND RICOTTA**

Während Cannelloni früher aus weichen, mit Füllung belegten Nudelplatten aufgerollt wurden, gibt es sie heute schon fertig gerollt und getrocknet im Supermarkt zu kaufen. Traditionell werden sie mit einem Ragù alla Bolognese gefüllt, wir haben uns bei diesem Rezept jedoch für eine vegetarische Variante entschieden: mit Spinat-Ricotta-Füllung, überbacken mit Napolisauce und Mozzarella

Tipp: Wer keinen Spritzbeutel zum Befüllen der Cannelloni zur Hand hat, kann auch einfach die Ecke eines Gefrierbeutels abschneiden und ihn so als Spritzbeutel verwenden

FÜR DIE CANNELLONI MIT SPINAT UND RICOTTA

20 Cannelloni | 300 g Spinat | 600 g Ricotta | 2 Eier | 100 g Parmesan, frisch gerieben
Salz, Pfeffer | 500 ml Napolisauce (siehe S. 137) **| 200 g Mozzarella**

Zunächst die Napolisauce wie im Rezept auf Seite 137 beschrieben vorbereiten.

Die Cannelloni etwa 4 Minuten vorkochen und anschließend stehend in eine tiefe Auflaufform geben. Spinat kurz in kochendem Wasser blanchieren, herausnehmen, in Eiswasser abschrecken, fein hacken und mit Ricotta, Eiern, Parmesan, Salz und Pfeffer in einer Schüssel vermengen.

Die Masse vorsichtig in die stehenden Cannelloni füllen. Das geht am besten mit einem kleinen Löffel, einem Spritzbeutel oder notfalls auch mit den Fingern. Nun mit der vorbereiteten Napolisauce übergießen, Mozzarella fein darüberstreuen und für etwa 20 Minuten im Backofen bei 185 Grad überbacken, bis die Cannelloni goldbraun sind.

70 Minuten | vegetarisch | Für 6 Personen

PARMIGIANA MIT **AUBERGINE**

Parmigiana ist ein Auflauf aus der neapolitanischen und sizilianischen Küche, der meist aus reichlich Tomaten, Mozzarella und Parmesankäse besteht. Die bekannteste Variante ist die Parmigiana di Melanzane – also mit Auberginen. Wir vom Mamma Lina lieben diese Variante so sehr, dass wir sogar schon mal einen Burger mit einem Patty aus Parmigiana di Melanzane auf der Karte hatten...

FÜR DIE PARMIGIANA

600 g Nudelteig für 15-20 frische Lasagne-Blätter (siehe S. 26) | **1 Liter Napolisauce** (siehe S. 137)
3 Auberginen | 200 g Mehl | 200 ml Sonnenblumenöl | Salz, Pfeffer | 400 g Parmesan, gerieben
500 g Mozzarella | Basilikum (zum Garnieren)

Den Nudelteig wie im Grundrezept auf Seite 26 beschrieben zubereiten. Nach der Ruhezeit den Teig in Portionen durch die Nudelmaschine geben oder von Hand ausrollen, bis Ihr hauchdünne Teigplatten habt. Diese könnt Ihr nun mit einem Messer in die gewünschten Rechtecke schneiden. Einen Topf mit Wasser aufsetzen und die fertigen Lasagne-Blätter für etwa 6 Minuten darin kochen. Alternativ könnt Ihr auch frische Lasagne-Blätter aus dem Supermarkt verwenden.

Auberginen sollten aufgrund ihrer Bitterstoffe nicht roh gegessen werden, sondern immer gebraten, gedünstet oder gekocht

Die Napolisauce wie im Rezept auf Seite 137 angegeben zubereiten. Die Auberginen waschen, die Enden abschneiden und in dünne Scheiben schneiden. Mehl auf einen flachen Teller geben und die Auberginenscheiben darin wenden. Sonnenblumenöl in einer Pfanne erhitzen und die Auberginenscheiben darin ausbacken. Mit Salz und Pfeffer abschmecken.

Den Mozzarella in Scheiben schneiden. 3 EL von der Napolisauce auf den Boden einer Auflaufform streichen. Lasagne-Blätter, Auberginenscheiben, Parmesan und Mozzarella nun abwechselnd nacheinander schichten, bis alle Zutaten aufgebraucht sind. Die letzte Schicht mit Mozzarella abschließen und im Ofen bei 185 Grad Umluft für etwa 30 Minuten backen. Den fertigen Auflauf mit frischem Basilikum garnieren und servieren.

30 Minuten | vegetarisch | Für 4 Personen

MACCHERONI & CHEESE
AL FORNO

Mit Käse überbacken schmeckt alles besser! Zumindest beim weltbekannten Gericht Mac and Cheese trifft diese Aussage definitiv zu. Traditionell wird das Nudelgericht vor allem in Nordamerika und in Großbritannien gegessen. Wir vom Mamma Lina finden: Maccheroni in einer cremigen Käsesauce ist mehr als ein Klassiker, es ist Soul Food…

FÜR DAS MAC & CHEESE

500 g Cellentani (oder andere kurze Maccheroni) | **150 g Cheddar** | **100 g Parmesan**
50 g Gouda | **100 ml Kochsahne** | **200 g Crème double oder Crème fraîche** | **5–10 g Kurkuma**
Salz, Pfeffer

Die schönste Nudel für Mac & Cheese ist eigentlich die Cellentani, eine spiralförmige Sonderform der kurzen Maccheroni.

Die Maccheroni bis 1 Minute vor al dente garen. Die drei Käsesorten jeweils fein reiben. Kochsahne in einen großen Topf geben, vorsichtig erhitzen und den Käse und die Crème double oder Crème fraîche unterrühren, bis eine cremige Masse entsteht. Etwas Nudelwasser zugeben, falls die Masse zu fest sein sollte. Die typisch gelbe Farbe zaubern wir mit etwas Kurkuma, dann noch schnell mit Salz und Pfeffer abschmecken.

Für die Extra-Portion Würze könnt Ihr Speck in einer Pfanne kross anbraten und die Maccheroni damit kurz vor dem Servieren toppen

Die gekochten Maccheroni zur Käsemasse in den Topf geben und gut vermengen. Alles in eine große Auflaufform oder in kleine, feuerfeste Weckgläser geben und bei 175 Grad Umluft für etwa 15 Minuten goldbraun backen.

30 Minuten | mit Fleisch | Für 4 Personen

CRISPY **SCHINKENNUDELN**

Es soll schnell gehen, lecker sein, satt machen – und dennoch einfach zubereitet sein? Dann führt in der italienischen Küche wohl kaum ein Weg an Ziti con Prosciutto vorbei. Zu deutsch: Schinkennudeln. Wir vom Mamma Lina verzichten dabei auf Sahne und setzen stattdessen auf Eigelb, Parmesan und Nudelwasser als cremige Sauce!

FÜR DIE SCHINKENNUDELN

500 g Ziti (oder lange Maccheroni) | **100 g Kochschinken | 4 Eier | Salz, Pfeffer | 200 g Parmesan**
40 g Butter

Habt Ihr gewusst, dass Ziti die traditionellen Hochzeitsnudeln in Neapel sind? Daher auch der Name, denn zita steht in Neapel für die Braut. Ziti sind dicker als Bucatini und manchmal auch als Boccolotti oder Candele im Handel

Eigentlich bricht man die Ziti in Neapel, ehe man sie kocht, aber wir finden: Das muss man nicht. Wie auch immer Ihr es halten wollt, zunächst werden die Ziti bis 1 Minute vor al dente gegart. Etwa 100 ml vom Nudelwasser aufbewahren.

Den Kochschinken in feine Streifen schneiden. Die Eier mit etwas Nudelwasser, Salz, Pfeffer und 100 g des geriebenen Parmesans zu einer cremigen Masse verrühren.

Eine Gusseisenpfanne mit Butter erhitzen und den Kochschinken darin kurz anbraten. Die gekochten Nudeln dazugeben und für 2–3 Minuten gut durchschwenken. Die Pfanne vom Herd nehmen, die Eiermasse über die Nudeln geben und unter Rühren einige Minuten stocken lassen. Den restlichen Parmesan darübergeben und bei 180 Grad für 10–15 Minuten im Ofen knusprig backen.

Alternativ könnt Ihr die Nudeln natürlich auch in eine Auflaufform umfüllen – aber hey: Wenn Eure Pfanne den Ofen abkann, dann lasst die Auflaufform im Schrank.

60 Minuten | mit Fisch | Für 4 Personen

LASAGNE AL FORNO MIT **LACHS**

Frischer Lachs zwischen saftigen Nudelplatten, abgerundet von einer herrlich aromatischen Tomatensauce und einer goldbraunen Käsekruste: Wir vom Mamma Lina können einfach nicht ohne Lasagne! Das Gericht ist übrigens uralt. Schon die alten Römer schichteten breite Teigstreifen mit Sauce in Töpfen – und daher hat die Lasagne auch ihren Namen, der sich von lasanum, dem Kochtopf, ableitet

FÜR DIE LACHS-LASAGNE

500 g Nudelteig für etwa 10–14 frische Lasagne-Blätter (siehe S. 26)
300 ml Napolisauce (siehe S. 137) | **500 g Lachsfilet,** frisch | **250 g Fior di Latte** (oder Mozzarella)
100 g Parmesan

Wer keine frischen Lasagneblätter zur Hand hat, kann gerne auch getrocknete nehmen. Es lohnt sich, wenn Ihr sie für etwa fünf Minuten vorkocht, auch wenn man das laut Packung nicht muss

Den Nudelteig wie im Grundrezept auf Seite 26 beschrieben zubereiten. Nach der Ruhezeit den Teig in Portionen durch die Nudelmaschine geben oder von Hand ausrollen, bis Ihr hauchdünne Teigplatten habt. Diese könnt Ihr nun mit einem Messer in die gewünschten Rechtecke schneiden. Einen Topf mit Wasser aufsetzen und die fertigen Lasagne-Blätter für etwa 6 Minuten kochen. Alternativ könnt Ihr auch frische Lasagne-Blätter aus dem Supermarkt verwenden.

Die Napolisauce wie im Rezept auf Seite 137 zubereiten. Den frischen Lachs in Würfel schneiden. Eine Auflaufform mit Backpapier auslegen und bereitstellen. Etwas Napolisauce auf den Boden der Form geben und die ersten Lasagne-Blätter darauf legen, bis der Boden vollständig bedeckt ist.

Auf die Teigplatten in der Auflaufform erneut Napolisauce geben, anschließend einen Teil der Lachswürfel darauf verteilen und mit Fior di Latte und Parmesan toppen. Diesen Vorgang nun so lange wiederholen, bis alle Zutaten aufgebraucht sind. Die letzte Schicht sollte mit Fior di Latte enden, damit die Lasagne oben schön knusprig wird.

Bei 185 Grad Umluft für etwa 20 Minuten goldbraun backen, herausnehmen und servieren!

„EINE UNTRENNBARE BEZIEHUNG IN DER WELT DER PASTA: TEIG UND FÜLLUNG“

WEIL ES AUF DIE INNEREN WERTE ANKOMMT

GEFÜLLTE NUDELN – RAVIOLI BIS TORTELLINI

Hauchdünner, geschmeidiger Pastateig, liebevoll bepinselt und mit Fisch, Fleisch, Käse oder Gemüse gefüllt: Bei Ravioli und Co. gibt's keine kreativen Grenzen. Wir erklären Euch, worauf es ankommt, und zeigen Step by Step, wie's richtig geht

Ihr solltet den Teig gleichmäßig füllen und darauf achten, nicht zu viel Masse zu verwenden. Sonst könnte die Pasta beim Kochen aufplatzen. Zu wenig sollte es aber auch nicht sein, weil die Nudeln sich sonst hohl anfühlen. Hier gilt die alte Weisheit: Übung macht den Meister…

Agnolotti. Cappelletti. Mezzelune. Klingt nach romantischen Schauplätzen aus einem italienischen Theaterstück, oder? Tatsächlich sind das alles gefüllte Nudelsorten. Und die haben eine lange Tradition in ganz Italien: Die ersten Ravioli wurden bereits im 14. Jahrhundert erwähnt. Agnolotti, Tortellini oder Ravioli sind im Norden wie Süden Italiens gleichermaßen beliebt. In Apulien und Kampanien tischt man zudem gern mal knusprig-krosse Teigtaschen auf – die halbmondförmigen Panzerotti. Bis heute werden die gefüllten Leckerbissen weltweit verehrt. Kein Wunder, schließlich kann man die mundgerechten Happen mit allen möglichen Zutaten füllen.

Für gefüllte Pasta kommt es vor allem auf eines an: einen dünnen und gleichzeitig widerstandsfähigen Teig, der beim Verarbeiten und Kochen nicht reißt. Wie man den Nudelteig richtig macht, zeigen wir Euch auf Seite 26. Ihr könnt den Teig mit dem Nudelholz (und viel Armschmalz…) ganz dünn ausrollen. Wir empfehlen Euch aber, ihn am besten mit der Nudelmaschine zu walzen. Dabei solltet Ihr auf der größten Stufe beginnen und Euch dann bis zur niedrigsten runter arbeiten, bis die Teigbahnen am Ende etwa einen Millimeter dünn sind. Diese dann mit Eigelb bepinseln. So klebt der Teig später zusammen. Anschließend gebt Ihr mit einem Spritzbeutel oder Löffel kleine Portionen Eurer vorbereiteten Füllung auf den Teig. Dabei sollte ein Abstand von etwa zwei Zentimetern eingehalten werden, damit man die Pasta später gut ausstechen kann. Nun gebt Ihr eine weitere Teigbahn auf die portionierten Füllungen und schließt das Innere so quasi ein. Bei Agnolotti wiederum klappt Ihr den Teig einfach von der Längsseite um und drückt anschließend alles gut zusammen. Danach solltet Ihr die Pasta noch mal mit etwas Mehl bestäuben. Nun könnt Ihr den Teig mit einem Teigrad zurechtschneiden oder ihn mit einem Glas oder einer Nudelform ausstechen.

Und nun kommt der schönste Teil: Ihr gebt die gefüllten Nudeln in siedendes, gesalzenes Wasser und wartet, bis sie fertig gegart an die Oberfläche steigen. Im letzten Akt schwenkt Ihr die Pasta in der Sauce und richtet sie mit Käse und frischem Basilikum an. So und nicht anders schreibt man kulinarische Liebesgeschichten mit Hülle und Fülle…

Wenig Puder, große Wirkung: Beim Kochen kommt es oft auf Kleinigkeiten an. Das Mehl sorgt für mehr Grip

SCHRITT FÜR SCHRITT **ZU RAVIOLI & CO.**

Wir starten mit der gewalzten oder dünn ausgerollten Teigbahn. Bei Ravioli, Tortellini oder Agnolotti sollte diese etwa 1 Millimeter dick sein.
Die bepinselt Ihr mit Eigelb. Das sorgt dafür, dass die Teigbahnen später aneinanderkleben.

Gebt nun etwa gleich große Füllungen mit einem Löffel oder einem Spritzbeutel auf die Teigbahn. Ihr solltet dazwischen etwa 2 cm Platz lassen.
Wir füllen unsere Nudeln gerne mit Schwertfisch, Ochsenschwanz oder Spinat.

Das Kochen von gefüllter Pasta ist übrigens ganz einfach: Ihr gebt die gefüllten Nudeln in siedendes Wasser und wartet, bis sie an die Oberfläche steigen. Dann sind sie gar und Ihr könnt sie mit leckerer Sauce weiter verarbeiten

Nun die Pasta gut verschließen, indem Ihr die Ränder mit den Fingern zusammenpresst. Rund um die Füllungen den Teig mit den Händen behutsam eindrücken, bis alles gleichmäßig und hübsch aussieht.

Anschließend die teigigen Leckerbissen mit Mehl bestäuben, damit bei der weiteren Verarbeitung nichts kleben bleibt.
Nehmt dafür am besten Weizenmehl Typ 00 oder Semola.

Danach könnt Ihr noch crunchy Toppings wie Pistazien auf die Füllung geben und alles mit Käse (zum Beispiel Pecorino) verfeinern. Bei so einer knusprig-cremigen Kombination läuft einem doch direkt das Wasser im Mund zusammen …

Je nach Nudelsorte legt Ihr nun eine weitere dünne Teigbahn auf die Füllungen oder schlagt die Bahn von der Längsseite um (bei Agnolotti macht man das so). Hier seht Ihr, wie man ganz klassisch Tortellini und Ravioli macht.

Und nun zum Finale grande: Ihr könnt die Pasta entweder mit einem runden Glas ausstechen oder auch ein Teigrad benutzen, um quadratische und geriffelte Ravioli zu bekommen. Es gibt auch spezielle Nudel-Ausstecher.

Zuletzt solltet Ihr die Pasta nur noch ein wenig in Form bringen. Zum Beispiel könnt Ihr – wie im Bild – die Teigränder vorsichtig umbiegen. Hier verleiht Ihr Eurer Pasta eine ganz individuelle Note.

60 Minuten | mit Fisch | Für 4 Personen

RAVIOLI SPADA MIT **SCHWERTFISCH**

Fangfrischer Schwertfisch in Ravioli – leichter und leckerer geht's fast gar nicht. Zusammen mit der Zitronensäure und dem cremigen Ricotta entführen wir Euch in die sonnenverwöhnten Küstenregionen Süditaliens, wo Euch immer eine salzige Brise um die Nase weht. Und nun zeigen wir Euch, wie die Ravioli auf Eure Teller springen…

FÜR DIE RAVIOLI SPADA MIT SCHWERTFISCH

40 g Butter | 400 g Schwertfisch | 150 g Ricotta | 2 Zitronen, Saft und Abrieb **| Salz, Pfeffer**
450 g Nudelteig für etwa 20 Ravioli (siehe S. 26) **| 1 Eigelb | 1 Knoblauchzehe,** fein geschnitten
100 ml passierte Tomaten, gelb **| 16 Kirschtomaten,** gelb und rot **| 20 g Parmesan**
1 TL frische Zitronenschale | 10 Rucolablätter als Deko

Den Schwertfisch bekommt Ihr im Supermarkt oder beim Fischhändler Eures Vertrauens. Es genügt, den gesunden Leckerbissen bei mittlerer Hitze für je drei Minuten auf beiden Seiten zu braten

Die Hälfte der Butter in der Pfanne zerlassen und den Schwertfisch darin braten. Den Fisch auskühlen lassen und in kleine Streifen zupfen.

Ricotta mit Zitronensaft und -abrieb, Salz und Pfeffer abschmecken. Die Hälfte des gezupften Schwertfischs mit der Masse vermengen und alles in einen Spritzbeutel abfüllen. Die Ravioli damit füllen und die Ränder mit Eigelb bepinseln, damit sie zusammenkleben (siehe S. 114).

Wasser aufsetzen, salzen und die Ravioli kurz kochen, bis sie an die Oberfläche steigen.

Derweil schon die restliche Butter in die Pfanne geben und den Knoblauch darin anbraten. Alles mit den passierten gelben Tomaten aufgießen. Kirschtomaten vierteln und zusammen mit dem restlichen Schwertfisch und den Ravioli in der Pfanne sanft durchschwenken. Mit dem Parmesan, der Zitronenschale und sowie den Rucolablättern garnieren und servieren.

4 Stunden | mit Fleisch | Für 4 Personen

RAVIOLI DI MANZO MIT **OCHSENSCHWANZ**

Deftig, herzhaft, lecker – das sind unsere Ravioli mit Ochsenschwanz. Das Fleisch kommt aus dem hinteren Schwanzbereich des Rindes und ist besonders kollagenhaltig. Beim Schmoren wird der Ochsenschwanz wunderbar weich und zart, wenn er sich vom Knochen löst. Zusammen mit Sellerie, Karotten und Co. entsteht ein reicher Geschmack mit einer Tiefe an Aromen und Würze. Buonissimo!

FÜR DIE RAVIOLI MIT OCHSENSCHWANZ

1 Liter Wasser | Salz | ½ Sellerie | 1 Zwiebel | 2 Karotten | 1 Stange Lauch | 2 Lorbeerblätter
1 kg Ochsenschwanz | 100 g Ricotta | 100 ml Jus (Bratensauce)
400 g Nudelteig für circa 16 Ravioli (siehe S. 26) **| 1 Eigelb | 60 g Butter | 10 Salbeiblätter**
4 EL Kräuteröl (siehe S. 137)

Wasser in einem Topf aufsetzen und salzen. Das Gemüse in grobe Stücke schneiden und zusammen mit den Lorbeerblättern ins Wasser geben. Den geschnittenen Ochsenschwanz hinzufügen und für wenigstens eine, besser zwei Stunden köcheln lassen, bis das Fleisch sich langsam von den Knochen löst.

Den Ochsenschwanz könnt Ihr bereits fertig geschnitten beim Metzger holen. Den Sud, in dem der Ochsenschwanz kochen durfte, nicht wegwerfen, sondern als Brühe nutzen und genießen!

Den Ochsenschwanz mit einem Schöpflöffel aus dem Topf nehmen und separat auskühlen lassen. Dann das Fleisch vom Knochen zupfen, in eine Form drücken und im Kühlschrank etwa drei Stunden auskühlen lassen, dann in feine Würfel schneiden.

Für die Füllung etwa 200 g vom Ochsenschwanz mit dem Ricotta vermengen. 50 ml von der Jus dazugeben. Wer möchte, kann auch noch kleine Gemüsewürfel untermischen.

Ravioliteig ausrollen und auf einer Arbeitsfläche ausbreiten. Einmal zur Hälfte falten und wieder aufklappen. Die eine Hälfte mit dem Eigelb bepinseln und die Füllung mittig auf 5 x 5 Zentimeter großen Quadraten platzieren. Dann die Hälften zuklappen und mit dem Teigrädchen ausrollen.

Nudelwasser aufsetzen und darin die Ravioli kurz aufkochen lassen. Spätestens nach zwei Minuten schwimmen sie oben und können herausgenommen werden.

Butter zerlassen und Salbei in die Pfanne geben. Die Ravioli in der Butter-Salbei-Sauce glasieren. Separat die restliche Jus erhitzen und mit dem übrigen Ochsenschwanz unter den Ravioli drapieren. Das Kräuteröl auf die Ravioli träufeln und alles servieren.

60 Minuten | vegetarisch | Für 4 Personen

RAVIOLI MARGHERITA MIT **RICOTTA UND SPINAT**

Manchmal müssen's einfach Ravioli sein. Wir servieren sie herrlich schlotzig mit Ricotta und Spinat und geben als Krönung noch Burrata darüber. Zusammen mit den Kirschtomaten, dem Basilikum, unserem hausgemachten Kräuteröl und den knusprigen Parmesanchips sind sie das perfekte Essen für Groß und Klein. Richtiges Seelenfutter sozusagen, das alle glücklich macht. Mamma mia!

FÜR DIE RAVIOLI MIT RICOTTA UND SPINAT

200 g Blattspinat | 200 g Ricotta | Salz, Pfeffer | 50 g Parmesan | 400 g Nudelteig für etwa 16 Ravioli (siehe S. 26) **| 1 Eigelb | 20 g Butter | 20 ml Olivenöl | 1 Zwiebel | 16 Kirschtomaten 250 ml Napolisauce** (siehe S. 137) **| 8 Basilikumblätter | 20 g Parmesan | 10 ml Kräuteröl** (siehe S. 137) **| 300 g Burrata** (2 Stück) **| 4 EL Olivenöl**

Den Blattspinat blanchieren und klein schneiden. Anschließend den Ricotta in eine Schüssel geben und den Spinat unterrühren. Mit Salz, Pfeffer und Parmesan abschmecken, beiseitestellen.

Den Blattspinat gebt Ihr in kochendes Wasser und lasst ihn einmal aufkochen. Dann zieht Ihr ihn direkt heraus und gebt ihn in einen Behälter mit Eiswasser. So bleibt er schön knackig grün

Den Teig für die Ravioli wie auf Seite 26 beschrieben zubereiten. Die Ravioli mit der Ricottacreme füllen und die Ränder mit dem Eigelb bepinseln, damit der Teig aneinander kleben bleibt (siehe S. 114).

Einen Topf mit Wasser aufsetzen, zum Kochen bringen und salzen. Derweil Butter und Öl in die Pfanne geben und erhitzen. Zwiebeln und Kirschtomaten anbraten. Napolisauce und Basilikum dazutun und für fünf Minuten einkochen lassen.

Ravioli kurz in heißem Wasser kochen lassen, bis sie an die Oberfläche steigen. Die Nudeln und den Parmesan zur Sauce in die Pfanne geben und mit Salz und Pfeffer abschmecken.

Zum Schluss die Ravioli auf Tellern anrichten. Sauce über die Ravioli geben. Dann die Burrata zupfen und auf die Ravioli setzen. Die Burrata pfeffern, mit Olivenöl glasieren und servieren.

60 Minuten | vegetarisch | Für 4 Personen

AGNOLOTTI MIT **ZUCCHINI** UND **TRÜFFEL**

Pitztal, Innsbruck, Usedom: Seine gastronomische Karriere führte Farid Fazel an die schönsten Orte in Europa. Mittlerweile hat er sich im Brenners Park-Hotel & Spa in Baden-Baden bestens eingelebt, genauer: im Restaurant Fritz & Felix. Für uns macht er heute Agnolotti mit würzigem Fontina-Käse, knackigen Zucchini und Wintertrüffel. Vielen Dank, Farid – wir freuen uns, dass du Teil unseres Buchs bist!

FÜR DEN AGNOLOTTI-TEIG UND DIE FÜLLUNG

200 g Semola | 200 g Mehl | 1 Ei, Größe M **| 250 g Eigelb | 20 g Olivenöl | 5 g Salz**
150 g Fontina-Käse | 100 g Frischkäse | 50 g Eigelb

Zutaten bis zum Salz zu einem Teig kneten (siehe S. 24) und im Kühlschrank 30 Minuten ruhen lassen.

Käse klein schneiden und mit Frischkäse im Thermomix oder im Wasserbad auf etwa 60 Grad erwärmen. Mit Eigelb mixen, bis eine homogene Masse entsteht, und in einen Spritzbeutel füllen.

Den Nudelteig mit Hartweizenmehl bestäuben und mehrmals durch die glatte Walze der Nudelmaschine drehen. Die Teigbahn sollte etwa 1 mm dick sein. Die Käse-Füllung mittig über die Teigbahn im Abstand von etwa 1,5 cm spritzen. Nudelteig von der Längsseite über die Füllung bis zum unteren Teigrand klappen. An beiden Seiten der Füllung mit Zeigefinger und Daumen flach zusammendrücken. Überschüssigen Teig mit einem Teigrad etwa 5 mm hinter der Füllung abtrennen. Gefüllte Teigbahn mit dem Teigrad in Agnolotti unterteilen.

FÜR DIE ZUCCHINI UND DEN TRÜFFEL

1 Wintertrüffel | 5 Mini-Zucchini | 20 g Butter | 50 g Piemonteser Haselnüsse, geröstet
Petersilienkresse oder kleine Petersilienblätter zum Garnieren

Trüffel ausstechen und fein hobeln. Die Trüffelreste fein hacken. Zucchini in Scheiben schneiden.

Agnolotti im Salzwasser 3 Minuten kochen und mit einer Schöpfkelle herausnehmen. Etwas Nudelwasser in eine Pfanne geben, mit der Butter und dem fein gehackten Trüffel aufkochen, bis eine sämige Sauce entsteht. Zucchini, Agnolotti und gehobelten Trüffel hinzugeben und schwenken. Die Zucchini sollen dabei fast roh und knackig bleiben.
Im tiefen Teller anrichten, die Haselnüsse drüberstreuen und mit Petersilie garnieren.

Haselnüsse aus dem Piemont gelten als die besten der Welt. Warum? Weil die Nüsse in den sanften Hügellandschaften unter besten klimatischen Bedingungen wachsen. Ihr bekommt sie in gut sortierten italienischen Feinkostläden

60 Minuten | vegetarisch | Für 4-6 Personen

TORTELLINI PORCINI MIT **FRISCHEN STEINPILZEN**

Steinpilze und Tortellini: Das lässt unsere Herzen als Schwarzwald-Neapolitaner höherschlagen! Wenn ab Juni die Steinpilzsaison in den Wäldern rund um unsere Heimatstadt Baden-Baden beginnt, gibt's für uns kein Halten mehr. Am liebsten verarbeiten wir Steinpilze als leckere Füllung für Tortellini und in Butter gebraten mit einer cremigen Sahnesauce

FÜR DIE STEINPILZ-TORTELLINI

600 g Nudelteig für 32 Tortellini (siehe S. 26) | **200 g frische Steinpilze** | **200 g Ricotta** | **2 Eigelb**
4 Scheiben Toastbrot, ohne Rand | **40 g Parmesan,** frisch gerieben

Den Nudelteig für die Tortellini wie im Grundrezept auf Seite 26 beschrieben zubereiten und durch die Nudelmaschine geben oder von Hand ausrollen, bis Ihr hauchdünne Teigplatten habt.

Steinpilze solltet Ihr möglichst frisch zubereiten. Müsst Ihr sie doch mal über Nacht lagern, empfiehlt sich ein trockener und kühler Ort wie eine Speisekammer oder im Keller – nach Möglichkeit aber nicht im Kühlschrank, der ist zu feucht!

Für die Füllung die Steinpilze putzen, halbieren und in einem Mixer fein mixen. Die Pilzmasse entnehmen und bereitstellen. Das Toastbrot in Stücke zupfen und ebenfalls fein pürieren. Pilzmasse in heißem Olivenöl 2 Minuten lang scharf anbraten. Toastbrotmasse dazugeben, mit den Pilzen vermengen und mit Salz und Pfeffer abschmecken. Alles auf ein sauberes Küchenpapier streichen, um eventuell noch vorhandenes Wasser herauszuziehen. Ricotta in eine Schüssel geben, die Pilz-Toastbrot-Masse, die Eigelbe und den Parmesan dazugeben und zu einer glatten Masse verrühren.

Eine Teigplatte mit einem Teigrad in 7 x 7 cm große Quadrate schneiden und die Füllung mittig darauf platzieren. Ein Teigquadrat nach dem nächsten von der Arbeitsplatte lösen, zwei Enden diagonal zu einem Dreieck zusammenfalten und die Kanten mit dem Finger verschließen. Nun die beiden Eckpunkte der Diagonalen um einen Finger führen und die Enden zusammendrücken, sodass ein Tortellino entsteht. Jetzt die Nudeln für etwa 4 Minuten kochen, 100 ml Nudelwasser aufbewahren.

FÜR DIE SAUCE

200 g Steinpilze | **50 g Butter** | **50 ml Weißwein**, z. B. Pinot Grigio | **12 Kirschtomaten**, halbiert
150 ml Kochsahne | **40 g Parmesan** | **20 g Petersilie** | **Salz, Pfeffer**

Die frischen Steinpilze in Stücke schneiden und in Butter kurz scharf anbraten. Mit Weißwein ablöschen, die Kirschtomaten dazugeben. Die Kochsahne und nach Bedarf Nudelwasser zugeben und einköcheln lassen. Die Tortellini und den Parmesan in die Sauce geben, ordentlich durchschwenken und für 2–3 Minuten simmern lassen. Ganz zum Schluss die Petersilie hacken, zu den Nudeln geben und alles mit Salz und Pfeffer abschmecken.

150 Minuten | vegetarisch | Für 4 Personen

MARIOS AGNOLOTTI MIT **AUBERGINE** UND **BLUMENKOHL**

Mario Aliberti ist Chef de Cuisine im Ivy in Karlsruhe. 2022 war er einer der Finalisten beim „Koch des Jahres" – und nahm einen Sonderpreis in der Kategorie „Best Plating" mit. Kein Wunder also, dass seine Agnolotti mit Auberginen, Tomatentatar und Blumenkohl ein echter Augenschmaus sind. Er serviert sie mit Kirschtomaten und Kapuziner-Kresse – ein Gericht für Gewinner!

FÜR DIE AGNOLOTTI UND DIE FÜLLUNG

110 g Weizenmehl | 110 g Semola | 2 g Salz | 2 Eier, Größe M **| 1 Messerspitze Safran | 4 Auberginen**
200 g Mehl | 3 Eier, Größe M **| 600 g Paniermehl | 1 Liter Sonnenblumenöl | 2 Handvoll Basilikum**
800 ml Napolisauce (siehe S. 137) **| 300 g Parmesan,** gerieben **| 400 g Mozzarella | 40 g Butter**
40 ml Olivenöl

Aus den Zutaten bis zum Safran einen Nudelteig kneten (siehe S. 26). Den Teig für circa 2 Stunden kaltstellen, danach ganz dünn für Agnolotti ausrollen (siehe S. 114). Auberginen der Länge nach 2 mm dick aufschneiden. Danach salzen und nach etwa einer Stunde mit einer Gabel das Wasser ausdrücken. Auberginen zuerst im Mehl, dann in den Eiern und anschließend im Paniermehl wenden. Im Sonnenblumenöl ausbacken. Basilikum klein schneiden und unter die Napolisauce rühren. Eine passende Auflaufform zur Hand nehmen und wie bei einer Lasagne immer abwechselnd Napolisauce, Aubergine, Parmesan und den in Scheiben geschnittenen Mozzarella aufeinanderschichten. Bei 160 Grad Umluft 30 Minuten backen. Abkühlen lassen, fein hacken und die Agnolotti damit füllen. Die Nudeln zukleben und die Ränder umbiegen. Dann 2 Minuten in siedendem Wasser kochen und mit der Butter und dem Olivenöl glasieren.

Tipp: Ziselieren bedeutet, die Haut der Tomaten in feine Streifen zu schneiden. Das Fruchtfleisch bleibt dabei intakt. So könnt Ihr sie nach dem Kochen leichter abziehen

FÜR DAS TOMATENTATAR, DEN BLUMENKOHL UND DIE AUBERGINEN

2 Fleischtomaten | 60 ml Olivenöl | 4 Limetten, Saft und Abrieb **| Salz, Pfeffer | 100 g Butter**
240 g wilder Blumenkohl | 2 Auberginen | 1 Liter Sonnenblumenöl | etwas Kapuzinerkresse als Deko | 4 Kirschtomaten

Tomaten ziselieren (siehe Tipp) und im kochenden Salzwasser 20 Sekunden kochen. Nun im Eiswasser abschrecken und die Haut abziehen. Tomaten würfeln, Olivenöl, Limettensaft- und abrieb hinzugeben und alles mit Salz und Pfeffer abschmecken. Butter erhitzen und den Blumenkohl in der Butter anbraten. Auberginen dünn aufschneiden, salzen, ziehen lassen und das Wasser wie oben beschrieben ausdrücken. Dann in grobe Stücke schneiden. Sonnenblumenöl erhitzen und die geschnittenen Auberginen darin heiß anbraten. Danach die Agnolotti mit dem Tomatentatar, dem Blumenkohl und den Auberginen anrichten. Mit der Kresse und den Kirschtomaten als Deko servieren.

fragt nicht... mit Fleisch Für 4-6 Personen

HANDMADE TORTELLINI MIT **PULLED PORK**

Wir vom Mamma Lina stehen zur Weihnachtszeit immer auf dem Baden-Badener Weihnachtsmarkt. Dort gibt's nicht nur unsere neapolitanischen Pizzen, sondern auch unsere Mamma Lina Burger. 2022 hatten wir einen Pulled Pork Burger mit auf der Karte – und weil der zum absoluten Weihnachtsmarkt-Verkaufsschlager wurde, haben wir den gezupften Schweinehals auch mal als Tortellinifüllung ausprobiert...

FÜR DAS PULLED PORK

1 kg Schweinehals | 2 Liter Apfelsaft | 2 Lorbeerblätter | 2 Wacholderbeeren
15 Körner Koriandersaat | 100 g Rohrzucker

Den Schweinehals am Stück auf ein tiefes Backblech legen. 1 Liter vom Apfelsaft mit Lorbeerblättern, Wacholderbeeren, Koriander und Zucker vermischen und über den Schweinehals gießen. Bei 100 Grad Umluft das Fleisch 3 Stunden im Ofen schmoren. Kurz herausnehmen und noch einen Liter Apfelsaft dazugeben. Für weitere 3 Stunden garen. Aus dem Ofen nehmen, den Garsaft auffangen und aufbewahren. Das Fleisch etwas auskühlen lassen und mit zwei Gabeln in feine Stücke zupfen.

FÜR DIE TORTELLINI

500 g Nudelteig für 24 Tortellini (siehe S. 26) **| 250 g Ricotta | Salz, Pfeffer | 50 g Parmesan**
50–100 ml Garsaft (vom Schmoren des Schweinehalses)

Für die Füllung zwei Drittel des vorbereiteten Pulled Porks mit dem Ricotta zu einer glatten Masse verrühren. Mit Salz und Pfeffer abschmecken. Den Parmesan fein reiben und zusammen mit dem Garsaft zur Masse geben. Alles gut durchrühren und in einen Spritzbeutel füllen.

Den Nudelteig wie im Rezept auf Seite 26 beschrieben zubereiten. Tortellini füllen, falten und kochen, wie auf Seite 124 beschrieben.

Damit das Fleisch schön saftig bleibt und die Marinade nicht direkt verdampft, könnt Ihr ein Backblech mit Wasser in den Ofen hinzugeben

FÜR DIE PULLED-PORK-SAUCE

4 El Olivenöl | ½ Zwiebel, gewürfelt **| 200 ml Kochsahne**
150 ml Garsaft (vom Schmoren des Schweinehalses) **| 50 g Parmesan,** frisch gerieben

Die Zwiebeln in Olivenöl glasig braten. Mit Kochsahne und dem Garsaft aufgießen und das übrig gebliebene Pulled Pork in die Sauce geben. Die gekochten Tortellini ebenfalls in die Sauce geben, den Parmesan hinzufügen und so lange durchschwenken, bis sich Nudeln und Sauce miteinander verbunden haben. Anrichten und sofort servieren.

„JETZT WIRD'S BUNT: PASTA LIEBT PESTOS UND SAUCEN – UND WIR AUCH!"

PESTO **ROSSO**

DIE ZUTATEN FÜR 2 PERSONEN

150 g getrocknete Tomaten, eingelegt in Öl | **1 Knoblauchzehe**
60 g Pinienkerne, geröstet | **4 Basilikumblätter** | **50 g Parmesan,** fein gerieben
80 ml Olivenöl | **Salz, Pfeffer**

Die getrockneten Tomaten abgießen, den Knoblauch schälen und grob würfeln. Alle Zutaten in den Mixer geben und fein pürieren. Mit Salz und Pfeffer abschmecken.

'87 **PISTAZIEN**CREME

DIE ZUTATEN FÜR 4 PERSONEN

200 g Pistazienpaste | **150 ml Kochsahne** | **50 ml Milch**
50 g Pistaziengranulat | **Salz, Pfeffer**

Pistazienpaste mit Kochsahne, Milch und Pistaziengranulat in einen Mixer geben und fein pürieren. Mit Salz und Pfeffer abschmecken.

PESTO **DI CECI**

DIE ZUTATEN FÜR 2 PERSONEN

250 g Kichererbsen, aus der Dose | **2 Limetten,** Saft | **2 Knoblauchzehen**
2 EL Parmesan, fein gerieben | **50 g Pinienkerne,** geröstet | **2 Handvoll Petersilie**
6 EL Olivenöl | **Salz, Pfeffer**

Die Kichererbsen abgießen und mit klarem Wasser abspülen. Die Limetten auspressen, die Knoblauchzehen schälen und grob würfeln. Alle Zutaten in den Mixer geben und fein pürieren. Mit Salz und Pfeffer abschmecken.

Tipp: Wenn Ihr das Pesto nicht direkt zu den Nudeln geben wollt, könnt Ihr es auch in saubere Gläser füllen, mit Öl bedecken und im Kühlschrank aufbewahren.

PESTO **DIAVOLO**

DIE ZUTATEN FÜR 2 PERSONEN
2 Chilischoten | 1 Knoblauchzehe | 3 Walnüsse | 300 g gelbe Schältomaten
80 g Parmesan, fein gerieben **| 4 Basilikumblätter | Salz, Pfeffer**

Die Chilis putzen, entkernen und in grobe Stücke schneiden. Den Knoblauch schälen und grob würfeln. Die Walnüsse knacken und etwas zerkleinern. Alle Zutaten in den Mixer geben und fein pürieren. Mit Salz und Pfeffer abschmecken.

CREMA **DI TARTUFO**

DIE ZUTATEN FÜR 2 PERSONEN
100 g weiße Champignons | 20 g Butter | 50 g frische Burgunder- oder Perigord-Trüffel
250 ml Kochsahne | 40 ml Trüffelöl | 120 ml Wasser | Salz, Pfeffer

Champignons putzen, klein schneiden und in einer Pfanne mit Butter anbraten. Abkühlen lassen und mit Trüffel, Kochsahne und Trüffelöl fein pürieren. Dabei nach und nach Wasser hinzufügen, bis eine dickflüssige Masse entsteht. Mit Salz und Pfeffer abschmecken.

SPARGEL-ZITRONEN-PESTO

DIE ZUTATEN FÜR 2 PERSONEN
200 g grüner Spargel | 50 g Pinienkerne, geröstet **| 1 Knoblauchzehe | ½ Zitrone,** Saft und Schale
1 Stängel Zitronen-Thymian | 1 Stängel Basilikum | 1 Stängel Petersilie, glatt **| ¼ Bund Schnittlauch**
150 ml Sonnenblumenöl | 50 g Parmesan, fein gerieben **| Salz, Pfeffer**

Den Spargel waschen, die unteren Enden schälen und in Salzwasser für etwa 3 Minuten kochen. Anschließend im Eiswasser abschrecken, abkühlen lassen und in grobe Stücke schneiden. Den Knoblauch schälen und grob würfeln. Die Zitrone heiß abwaschen, etwas Schale abreiben und anschließend auspressen. Die Kräuter ebenfalls waschen, die Blätter vom Stängel lösen und den Schnittlauch fein hacken. Alle Zutaten in den Mixer geben und fein pürieren. Mit Salz und Pfeffer abschmecken.

PESTO **VERDE**

DIE ZUTATEN FÜR 2 PERSONEN
250 g frisches Basilikum | 70 g Parmesan, fein gerieben **| 50 g Pinienkerne oder Walnüsse,** geröstet
200 ml Olivenöl | Salz, Pfeffer

Den Basilikum waschen, trocken tupfen und die Blätter von den (oft leicht bitteren) Stängeln zupfen. Jetzt alle Zutaten in einem Mixer fein pürieren und mit Salz und Pfeffer abschmecken.

RICOTTACREME

DIE ZUTATEN FÜR 4 PERSONEN
200 g Ricotta | 50 ml Kochsahne | 10 g Salz | 3 g Pfeffer

Ricotta mit der Kochsahne in eine Schüssel geben und von Hand mit dem Schneebesen oder in einem Mixer zu einer Creme verrühren. Mit Salz und Pfeffer abschmecken.

NAPOLISAUCE

DIE ZUTATEN FÜR 4 PERSONEN

40 g Zwiebeln, gewürfelt | **3 g Knoblauch** | **20 ml Olivenöl** | **400 g Schältomaten**
20 g Salz | **3 Basilikumblätter**

Zwiebeln würfeln und Knoblauch pressen.
Olivenöl in einer Pfanne erhitzen, Zwiebeln und Knoblauch kurz darin andünsten. Nach einigen Minuten mit den Schältomaten aufgießen, mit Salz und Basilikum abschmecken, aufkochen lassen und für 30 Minuten auf niedrigster Stufe köcheln.

BEURRE BLANC

DIE ZUTATEN FÜR CA. 500 ML

½ Fenchel | **1 Zwiebel** | **1 Karotte** | **½ Lauch** | **1 Liter Wasser** | **600 g Fischkarkassen**
250 g Schalotten | **200 ml Weißwein,** z. B. Pinot Grigio oder Riesling | **250 g kalte Butter**

Das Gemüse klein schneiden. Wasser aufsetzen und das geschnittene Gemüse zusammen mit den Fischkarkassen hinzufügen. Die Gemüse-Fischkarkassen-Suppe auf etwa die Hälfte der Menge einkochen lassen, bis etwa 500 ml Fischfond übrig sind.

Die Schalotten klein schneiden und zusammen mit dem Weißwein und dem Fischfond für etwa 20 Minuten kochen lassen. Die Sauce passieren und die Temperatur runterstellen. Die kalte Butter in ganz kleine Stücke schneiden und in die Sauce einmontieren. Wichtig: Die Sauce darf nicht mehr kochen, sonst gerinnt die Butter.

Tipp: Da die Beurre blanc recht aufwendig ist, am besten direkt eine große Menge zubereiten und den Rest portioniert einfrieren

GRÜNES KRÄUTERÖL

DIE ZUTATEN FÜR 4 PERSONEN

200 g Petersilie | **50 g Spinat** | **200 ml Sonnenblumenöl** | **2 TL Salz**

Die Petersilie und den Spinat gründlich waschen und abtropfen lassen. Zusammen mit Öl und Salz in einen Mixer geben und fein pürieren.

Anschließend in einen Topf geben und auf 60 Grad erhitzen. Sobald die Gradzahl erreicht wurde, erneut in einen Mixer geben und auf höchster Stufe für rund 10 Minuten mixen. So löst sich die Farbe aus den Blättern und das Öl wird tiefgrün. Alles abkühlen lassen und in eine Flasche füllen. Wer mag, kann das Öl mit etwas Zitronensaft verfeinern.

20 Minuten | vegetarisch | Für 4 Personen

AMALFI STYLE: **SPAGHETTI AL LIMONE**

Zitronen spielen in dieser fruchtig-frischen Pasta die Hauptrolle – daher solltet Ihr beim Kauf unbedingt auf eine gute Qualität achten. Die besten werden unserer Meinung nach an der Amalfiküste und in Sizilien angebaut. Am besten rollt Ihr sie vor dem Auspressen mit etwas Druck hin und her, um die maximale Saftmenge aus ihnen herauszuholen. Zusammen mit Basilikum und Parmesan wird daraus die perfekte Sommerpasta!

FÜR DIE SPAGHETTI AL LIMONE

500 g Spaghetti | 2 Bio-Zitronen, unbehandelt **| 120 g Butter | 60 g Parmesan,** frisch gerieben
Salz, Pfeffer | 12 Basilikumblätter

Ihr habt noch Zitronenschalen übrig? Dann könnt Ihr damit Kuchen- oder Keksteige verfeinern oder deftigen Saucen eine angenehm frische, säuerliche Note verleihen

Die Spaghetti bis 1 Minute vor al dente garen. Etwa 100 ml vom Nudelwasser aufbewahren.

Die Zitronen mit heißem Wasser abwaschen. Mit einem Sparschäler etwa 5 mm breite Streifen von den Zitronen abhobeln. Den Saft auspressen. Butter in einer Pfanne erhitzen, die Zitronenschalen und den Saft dazugeben und aufkochen lassen. Dabei nach Bedarf etwas vom Nudelwasser in die Pfanne geben, damit die Sauce schön cremig wird und gut an den Nudeln haften bleibt.

Die Spaghetti zur Sauce in die Pfanne geben und gut durchschwenken. Alles noch für 2–3 Minuten simmern lassen und die Sauce mit dem Parmesan eindicken. Mit Salz und Pfeffer abschmecken, die Basilikumblätter dazugeben und sofort servieren. Nach Belieben noch mit etwas frisch geriebenem Parmesan garnieren.

45 Minuten | vegetarisch | Für 4 Personen

BELLA SICILIANA: **PASTA NORMA**

Die Pasta Norma ist das wahrscheinlich bekannteste Gericht der sizilianischen Küche. Sie soll nach der Oper Norma des sizilianischen Komponisten Vincenzo Bellini benannt sein – allerdings ranken sich um die Herkunft des Namens, wie bei so vielen italienischen Gerichten, zahlreiche Mythen. Fest steht auf jeden Fall, dass die Sauce aus saftiger Aubergine, frischen Tomaten und duftendem Basilikum herrlich nach Sommer schmeckt!

FÜR DIE PASTA NORMA

500 g Paccheri | 200 ml Napolisauce (siehe S. 137) **| 2 Auberginen | 100 g Mehl**
150 ml Sonnenblumenöl (zum Ausbacken) **| 1 Knoblauchzehe | 100 g Parmesan | 16 Kirschtomaten**
20 g Butter | 20 ml Olivenöl | 50 g Ricotta | 8 Basilikumblätter | Salz, Pfeffer

Die Napolisauce wie im Rezept auf Seite 137 beschrieben zubereiten. Die Paccheri bis 1 Minute vor al dente garen. Etwa 100 ml vom Nudelwasser aufbewahren.

Auberginen waschen, die Enden abschneiden, in etwa 1 x 1 cm große Würfel schneiden und mehlieren. Öl in einer Pfanne erhitzen und die Auberginenwürfel darin rundherum goldbraun braten.

Die Auberginenwürfel könnt Ihr auch in einer Fritteuse ausbacken oder – für eine kalorienärmere Version – 30 Minuten bei 200 Grad im Ofen rösten

Die Knoblauchzehe pressen, den Parmesan hobeln und die Kirschtomaten vierteln. Butter und Olivenöl in einer separaten Pfanne erhitzen und den Knoblauch darin kurz anbraten. Die Napolisauce dazugeben, aufkochen lassen und bei Bedarf etwas vom Nudelwasser in die Pfanne nachschütten, damit die Sauce schön cremig wird. So haftet sie später gut an den Nudeln.

Pasta, Parmesan, Ricotta und Kirschtomaten in die Pfanne mit der Sauce dazugeben und alles gut durchschwenken. Jetzt die Auberginenwürfel hinzufügen, mit frischen Basilikumblättern garnieren und mit Salz und Pfeffer abschmecken.

80 Minuten | vegetarisch | Für 4 Personen

FRANCESCOS MARINIERTE **PASTA POMODORO**

Unser Freund Francesco D'Agostino führt in Rheinau mit dem Gioias ein wirklich wundervolles Restaurant, in dem er immer wieder Aromen und Ideen aus Südamerika, Italien, Frankreich, Japan und Deutschland neu kombiniert. Eine tolle, spannungsreiche Küche, in der es oft einen Twist gibt – so wie hier mit den Tomaten, die kurz mariniert und damit extrem intensiv werden

FÜR DIE PASTA POMODORO

500 g Tomaten | 4 Knoblauchzehen | 10 g Basilikum | 1 Chili | 15 g Fleur de Sel 5 g Pfeffer, frisch gemahlen **| 40 ml Olivenöl,** extra vergine **| Salz, Pfeffer | 500 g Linguine 10 Kirschtomaten,** gelb und rot **| Basilikum und Tagetesblüten als Deko**

Die Tomaten grob hacken. Knoblauch, Basilikum und Chili ganz klein schneiden, dann mit dem Salz und Pfeffer zu einer Paste verarbeiten. Ganz gut geht das im Mörser.

Die Paste zu den Tomaten geben und mit dem Olivenöl mischen. Nach Bedarf mit Salz und Pfeffer nachwürzen. Alles 1 Stunde marinieren lassen.

Die Linguine bis 1 Minute vor al dente kochen und aus dem Wasser holen, dabei 100 ml vom Nudelwasser aufheben. Die Nudeln mit den marinierten Tomaten in eine Pfanne geben, durchschwenken und emulgieren lassen. Je nach Konsistenz der Sauce löffelweise noch etwas Nudelwasser dazugeben.

Die Kirschtomaten dazugeben und alles noch einmal gut durchschwenken. Mit fein geschnittenem Basilikum und den Tagetesblüten anrichten.

Francesco kennt man nicht nur aus dem Gioias – sondern auch aus dem Fernsehen (als Gewinner von „Mein Lokal, Dein Lokal") und von großen Kochwettbewerben wie dem Koch des Jahres

20 Minuten | vegetarisch | Für 4 Personen

ROSA SPAGHETTONE MIT **ROTER BETE**

Pretty in pink! Dass wir unsere Pasta gern bunt mögen, haben wir Euch ja schon mit unseren Purple Rigatoni auf Seite 74 gezeigt. Hier hätten wir noch eine weitere farbenfrohe Alternative: Unsere Spaghettone mit pinker Rote-Bete-Sauce sorgen nicht nur für ordentlich gute Laune am Mittagstisch, sondern sind dazu auch noch richtig gesund, im Handumdrehen gemacht und herrlich cremig

Wer mag, darf gerne noch etwas Feta über die Pasta krümeln. Statt der Pinienkerne könnt Ihr auch Pistazien, Kürbis- oder Sonnenblumenkerne verwenden

FÜR DIE SPAGHETTONE MIT ROTER BETE

500 g Spaghettone | 60 g Pinienkerne | 400 g Rote Bete, gekocht **| 200 ml Kochsahne**
50 g Butter | 1 Zwiebel, gewürfelt **| 1 Knoblauchzehe,** gepresst **| Salz, Pfeffer**
Sauerampfer-Kresse als Deko

Die Spaghettone bis 1 Minute vor al dente garen. Etwa 100 ml vom Nudelwasser aufbewahren.

Pinienkerne in einer Pfanne goldbraun anrösten und beiseitestellen. Eine Rote Bete in kleine Würfel schneiden und ebenfalls beiseitestellen. Die anderen Knollen in Stücke schneiden, in ein hohes Gefäß geben und mit der Kochsahne fein pürieren.

Die Butter in einer Pfanne erhitzen und die Zwiebeln sowie den Knoblauch darin anschwitzen. Die Rote-Bete-Sauce und -Würfel dazugeben und alles einige Minuten köcheln lassen. Dabei nach Bedarf etwas vom Nudelwasser in die Pfanne geben, damit die Sauce durch die Stärke vom Nudelwasser schön cremig wird und gut an den Nudeln haften bleibt.

Spaghettone dazugeben, alles gut durchschwenken und für 2–3 Minuten simmern lassen. Mit Salz und Pfeffer abschmecken, mit den Pinienkernen sowie etwas Kresse garnieren und sofort servieren.

20 Minuten | vegetarisch | Für 4 Personen

FUSILLI CANTARELLI MIT **PFIFFERLINGEN**

Pfifferlinge sind nicht nur im Schwarzwald beliebt – auch Italiener stehen auf die kleinen, zarten Pilze und essen sie zum Beispiel in Risotti oder Suppen, in Omelettes, auf Pizzen oder zu Fleischgerichten. Wir vom Mamma Lina servieren sie unseren Gästen am liebsten in einer cremigen Sauce mit Tomaten, Lauch und etwas frisch geriebenem Parmesan, der einfach perfekt zum leichten Umami-Geschmack der Pfifferlinge passt

FÜR DIE FUSILLI CANTARELLI

500 g Fusilli | **20 g Butter** | **20 ml Olivenöl,** kaltgepresst | **1 Knoblauchzehe,** fein gepresst
12 rote Kirschtomaten, geviertelt | **250 g frische Pfifferlinge** | **50 ml Weißwein,** z. B. Pinot Grigio
200 ml Kochsahne | **20 g Frühlingszwiebel** | **40 g Parmesan,** gerieben | **12 Kirschtomaten,** gelb
Salz, Pfeffer

Nudeln bis 1 Minute vor al dente garen. Etwa 100 ml vom Nudelwasser aufbewahren.

Butter und Öl in einer Pfanne erhitzen. Knoblauch, Kirschtomaten und die geputzten Pfifferlinge hinzugeben und drei Minuten braten lassen. Mit Wein ablöschen, die Kochsahne sowie die Fusilli dazugeben und durchschwenken. Immer wieder etwas vom Nudelwasser in die Pfanne geben, damit die Sauce schön cremig wird und gut an den Nudeln haften bleibt. Die Frühlingszwiebel in Scheiben schneiden und mit dem Parmesan in die Pfanne geben.

Zum Schluss die gelben Kirschtomaten dazugeben und alles nochmals durchschwenken, mit Salz und Pfeffer abschmecken und nach Belieben mit etwas aufgeschäumter Milch servieren.

Mit frischen Pfifferlingen schmecken die Fusilli con Cantarelli natürlich am besten. Außerhalb der Saison (Juni bis Oktober) könnt Ihr aber auch auf Pilze wie Shiitake oder Champignons ausweichen

30 Minuten | vegetarisch | Für 2 Personen

TAGLIOLINI ASIA STYLE MIT **SHIITAKE**

Shiitake-Pilzen werden ja viele positive Eigenschaften nachgesagt. Sie sollen das Immunsystem stärken, den Cholesterinspiegel senken und entzündungshemmend wirken. Wir lieben sie aber vor allem, weil sie unglaublich lecker sind! Deshalb servieren wir sie im Mamma Lina auf unserer Pizza Macellaio oder wie hier mit Pak Choi und Sesam – die Asia-Fans unter Euren Freunden werden begeistert sein!

FÜR DIE TAGLIOLINI MIT SHIITAKE

250 g Tagliolini | **1 Pak Choi** | **100 g Shiitake-Pilze** | **60 g Buchenpilze** | **25 g Butter**
10 ml Olivenöl, kaltgepresst | **20 ml Sojasauce** | **10 ml Teriyaki-Sauce**
5 g Sesamsaat, weiß und schwarz | **Salz, Pfeffer**

Statt der Buchenpilze könnt Ihr auch die sehr ähnlich aussehenden Enoki-Pilze verwenden. Auch Steinpilze harmonieren wunderbar mit den Shiitake

Die Tagliolini bis 1 Minute vor al dente garen. Etwa 100 ml vom Nudelwasser aufbewahren.

Den Pak Choi waschen und längs in Streifen schneiden, die Pilze säubern. Butter und Öl in einer Pfanne erhitzen und den Pak Choi sowie die Pilze darin einige Minuten anbraten. Mit Soja- und Teriyaki-Sauce ablöschen und nach Bedarf etwas vom Nudelwasser in die Pfanne geben, damit die Sauce schön cremig wird und gut an den Nudeln haften bleibt.

Die Tagliolini hinzugeben, alles gut durchschwenken und für 2–3 Minuten simmern lassen. Die Sesamsaat dazugeben und alles mit Salz und Pfeffer abschmecken. Nach Belieben mit etwas Kresse garnieren und sofort servieren.

30 Minuten | vegetarisch | Für 4 Personen

PAPPARDELLE ASPARAGI MIT **SPARGEL**

In Deutschland liebt man ihn weiß, in Italien grün: den Spargel! Und damit niemand auf sein Lieblingsstangengemüse verzichten muss, servieren wir im Mamma Lina einfach beide Sorten zusammen. Den weißen Spargel könnt Ihr auch erst in leicht gesalzenem Wasser garen, bevor Ihr ihn in die Pfanne gebt. Nötig ist das aber nicht, da weißer Spargel genau wie grüner bedenkenlos ungekocht gegessen werden kann

FÜR DIE PAPPARDELLE MIT SPARGEL

500 g Pappardelle | 12 Stangen Spargel, grün und weiß gemischt **| 60 g Butter | 40 ml Olivenöl 60 g Zwiebel,** gewürfelt **| 12 Kirschtomaten,** geviertelt **| 60 ml Weißwein | 200 ml Kochsahne 60 g Parmesan | 20 g Petersilie,** gehackt **| Salz, Pfeffer**

Die Pappardelle bis 1 Minute vor al dente garen. Etwa 100 ml vom Nudelwasser aufbewahren.

Den weißen Spargel schälen und die holzigen Enden abschneiden. Zusammen mit dem grünen Spargel in mundgerechte Stücke schneiden, dickere Stangen eventuell zusätzlich der Länge nach halbieren oder sogar vierteln.

Butter und Öl in einer Pfanne erhitzen und die Zwiebel darin glasig anschwitzen. Spargel und Kirschtomaten dazugeben, gut anbraten und mit dem Weißwein ablöschen. Die Kochsahne unterrühren und alles einige Minuten köcheln lassen. Dabei nach Bedarf etwas vom Nudelwasser in die Pfanne geben, damit die Sauce schön cremig wird und gut an den Nudeln haften bleibt.

Die Pappardelle in die Pfanne geben und gut durchschwenken. Den Parmesan zugeben und alles eindicken lassen. Sobald der Käse sich aufgelöst hat, die Pasta auf vier Teller verteilen, mit der Petersilie garnieren und sofort servieren.

Spargelschalen und -enden bitte nicht wegwerfen! Ihr könnt sie in Salzwasser oder Gemüsebrühe zu einem wunderbaren Spargelsud auskochen, der sich als Grundlage für viele Suppen und Saucen eignet

70 Minuten | vegetarisch | Für 4 Personen

GNOCCHI ALLA **SORRENTINA**

Dieses köstliche Gericht hat seinen Ursprung im schönen Sorrento in der Bucht von Neapel. Üblicherweise werden die kleinen Kartoffelklößchen mit einer Schicht aus Mozzarella und Parmesan bedeckt und im Ofen überbacken. Den Schritt sparen wir uns hier: Stattdessen setzen wir einfach eine Burrata in die Mitte und schauen zu, wie sie ganz sanft und langsam zerläuft. Und dann heißt es: reinhauen!

FÜR DIE GNOCCHI ALLA SORRENTINA

700 g Kartoffeln, mehligkochend | **300 g Instantmehl** (Dunst) | **3 Eigelb,** Größe M
100 g Butter | **10 g Salz** | **400 ml Napolisauce** (siehe S. 137) | **60 g Butter** | **40 ml Olivenöl**
1 Knoblauchzehe, gepresst | **12 Basilikumblätter** | **8 Kirschtomaten,** geviertelt
80 g Parmesan, frisch gerieben | **100 g Mozzarella** | **Salz, Pfeffer** | **4 Burrata**

Zu dieser herzhaften und reichhaltigen Mahlzeit passt wunderbar ein leichter Salat mit Tomaten, Gurken oder Blattsalaten

Die mehligkochenden Kartoffeln als Pellkartoffeln in einem Topf mit Wasser kochen, bis sie weich sind. Abgießen, pellen und durch eine Kartoffel- oder Spätzlepresse drücken, um eine glatte Kartoffelmasse zu erhalten. Ein Stampfer tut's auch, nur in die Küchenmaschine oder einen Mixer dürfen die Kartoffeln nicht, da sie sonst wie Kleister kleben. Die Masse abkühlen lassen. Anschließend das Instantmehl, das Eigelb und die Butter hinzufügen. Salz dazugeben und alles zu einem geschmeidigen Teig kneten. Der Teig sollte nicht zu klebrig sein. Falls nötig, noch etwas Mehl hinzufügen.

Den Teig in Portionen teilen und auf einer bemehlten Oberfläche erst zu langen Rollen formen und dann in kleine Stücke schneiden. Einen großen Topf mit gesalzenem Wasser zum Kochen bringen. Die Gnocchi portionsweise ins kochende Wasser geben und garen, bis sie an die Oberfläche steigen. Mit dem Schaumlöffel herausnehmen und abtropfen lassen. Etwas Kochwasser aufbewahren.

Die Napolisauce wie im Rezept auf Seite 137 zubereiten. Butter und Olivenöl in einer Pfanne erhitzen und den Knoblauch darin anschwitzen. Mit der Napolisauce aufgießen. Vier der Basilikumblätter in feine Streifen schneiden und mit den Kirschtomaten zur Sauce geben. Einige Minuten köcheln lassen. Dabei nach Bedarf Nudelwasser in die Pfanne geben.

Gnocchi, Parmesan und den in kleine Stücke geschnittenen Mozzarella hinzugeben, mit Salz und Pfeffer abschmecken und alles so lange durchschwenken, bis sich der Käse aufgelöst hat. Die Gnocchi auf vier Teller verteilen und je eine Burrata in die Mitte setzen. Mit den restlichen Basilikumblättern, entweder im Ganzen oder in feine Streifen geschnitten, garnieren und nach Belieben noch etwas Kräuteröl (siehe S. 137) darüber träufeln.

VON FRISCHEN FISCHEN, ALTEN HASEN UND DER LIEBE ZUM CALCIO

DIE STADT **DER LEBENSFREUDE**

Neapel lässt keinen kalt. Nicht in den engen Gassen der Altstadt und nicht auf den Märkten, wo sogar ausgebuffte Gastronomen immer wieder Neues entdecken. Es stimmt schon, was Carmine sagt: Neapel ist immer für eine Überraschung gut. Und manchmal auch für mehrere

In Neapel gibt es mehrere Fischmärkte. Auf dem Fischmarkt Pozzuoli kauft man direkt von den Fischern der Region. Der Markt Porta Nolana ist mitten in der Stadt und berühmt für seinen nächtlichen Verkauf am 23. und 24. Dezember, wo sich die Einheimischen zu Weihnachten mit Kabeljau eindecken

Baden-Baden, Basel, Neapel. Nach der Landung den ersten Espresso und viel Zucker – auch in Form der überall in Italien verfrühstückten Brioche mit Crema oder Schokolade. Buongiorno Napoli! Im verbeulten Mietwagen zur ersten Station. Das Programm der siebenköpfigen Gruppe – maßgeschneidert für Neapels Tempo. Als Chauffeur hat Verleger Ulf Tietge den Takt der Reiseplanung festgelegt, drückt aufs Gas und auf die Hupe. Nicht einschüchtern lassen. An roten Ampeln Blickduelle mit Auto- und Rollerfahrern rechts und links. Abchecken, wie lange man sich in die Augen blicken kann. Sieben Augenpaare schüchtern die coolsten Bärte ein. Neapel steckt an oder schreckt ab.

Der Großmarkt am Hafen von Pozzuoli, 20 Kilometer westlich von Neapels Zentrum, hat trotzdem schon geschlossen. Hier kaufen Gastronomen und Wiederverkäufer ein. Der Großmarkt öffnet um 2:30 Uhr und schließt um 9 Uhr. Kurz danach sieht die direkt am Hafen gelegene Halle schon wieder blitzblank aus. Selbst der Fischgeruch ist weggeräumt. Ein Mitarbeiter räumt auch gleich die deutsche Reisegruppe auf. Chiuso!

Hundert Meter weiter findet sich auf der Via Nicola Fasano der Fischmarkt für alle in der Stadt am Golf von Pozzuoli. Der kleine Parkplatz ist voll. Ältere Paare rollern mit einer Tüte voll Fisch oder einer Kühlbox auf dem Gepäckträger davon. Trotz der ständigen Kühlung der Fische ist es in der Halle so heiß wie auf dem Parkplatz davor. „Prego! Prego!" bitten die Fischhändler hitzig zum Stand. Fuchtelnd, schreiend. Die Opera buffa, die komische Oper, wurde in Venedig und Neapel erfunden. Schauspiel, Oper, Operette. Hier herrscht ebenfalls Artenvielfalt.

Auf den rund zwanzig Ständen scheint sich das Meer ausgebreitet zu haben: Calamari, Scampi, Vongole Veraci und Coltivate, Telline, Lupini, Taratufi, Lumaghine, Paranze. Nie

Zum Anbeißen? Familie D'Isanto handelt auf dem Markt von Pozzuoli mit lebend-frischen Tintenfischen, die so lecker seien, dass man auch roh hineinbeißen könne, meint der Chef…

Die Auster des kleinen Mannes zum Frühstück: So beginnt der Markttag in Pozzuoli, wo sich Angelo und Roberto von Meeresfrüchten und Co. inspirieren lassen

gesehene Fische und gehörte Namen. Dazu Steinbutt (Rombo), Wilddorade, Knurrhahn, Schwertfisch. In Stücken und am Stück. Einige Tiere leben, eine kleine Muräne, die Hummer und die Tintenfische zum Beispiel. Und an jedem Stand Berge von Miesmuscheln, in denen die Händler mit ihren Händen wühlen, als wollten sie den Vesuv zum Kochen bringen. Drei Euro kostet die Auster des kleinen Mannes pro Kilo. Ein Fischverkäufer lässt sich nicht lumpen und gibt eine Runde Austern aus – ratzfatz aufgeschnitten, mit Zitrone besprenkelt und zum Schlürfen angerichtet. Streetfood di Napoli. Ein schönes Frühstück ...

Social-Media-Stars unter sich: Pepe di Napoli (2. v. r.) und die Tortora-Brüder bringen es zusammen auf mehr als 400 000 Follower bei Instagram und Co.

Die Gruppe mit dem Fotografen im Gepäck zieht die Händler an, wie Fische die Fliegen; eine kleine Katze versteckt sich hinter den blechernen Ständen. Für ein Foto machen die Händler (fast) alles. Ein Biss in einen Tintenfisch gehört zur Show. Die Weichtiere mit den wedelnden Fangarmen holen die Verkäufer mit einem Haifischgrinsen aus dem Wasser. Auch der Knurrhahn ist beliebt. Die Stimmen von Mario, Nando und Massimo wetteifern um Aufmerksamkeit. 50 Euro für das Foto hätte er gerne, schreit einer lächelnd. Das Geld hätte er genommen, aber er fragt nicht zweimal. Ausgenommen werden nur die Fische. Auf jeder Fischsorte liegt ein Preisschild. Ein kräftiger, erschöpft wirkender Mann mit roter Schlachterschürze sitzt breitbeinig auf einem Stuhl, ein Mann mit drei Zähnen geht ein paar Stände weiter den verkauften Fischen an die Kiemen. Wasser aus Eimern oder Schläuchen wird ständig auf die Fische gesprüht; der Boden in der Markthalle steht unter Wasser.

Durchatmen draußen in der Vormittagshitze. Nebenan in der Halle für Obst und Gemüse, ebenfalls rund 50 Meter lang, geht es etwas ruhiger zu. Vielfalt und Farbenpracht sind genauso ausgebreitet. Die Baden-Badener Gastronomen kosten und decken sich ein: Wassermelonen, Pfirsiche, so groß und gelb wie selten gesehen. Tomaten zum Ein-Euro-Kilopreis. Ein Händler bietet Peperoncino zum Probieren an und findet ein Opfer. Minutenlang lacht er sich – spitzbübisch – ins Fäustchen, während sich die gereichte Chili bei Michele in die Schleimhäute brennt wie der Eindruck von Pozzuoli ins Gedächtnis. Die Neapolitaner haben nicht von ungefähr den Ruf, furbo zu sein. Spitzbuben.

In der Pescheria di Napoli im westlichen Stadtteil Pianura und auf dem Markt um die Porta Nolana im Quartier Pendino, das zum historischen Zentrum gehört, ist die ständig bewässerte Fischauswahl ebenfalls riesig. Peppe di Napoli, der nahe seiner Pescheria auch ein Fischrestaurant führt, taucht täglich bei

Tutto freschissimo! Nicht nur bei Peppe di Napoli gibt es frische Ware, sondern auch auf dem Wochenmarkt an der Porta Nolana – wo es ein bisschen ruhiger zugeht …

Instagram auf und füttert inzwischen weltweit zwei Millionen Follower. Er betreibt in vierter Generation den Fischhandel und ist es gewohnt, von seinen Kunden fotografiert zu werden. Am liebsten mit Langusten oder Kraken in den Händen.

In den engen Gassen bei der Porta Nolana nahe dem Corso Garibaldi sind die Marktstände schon allein eine Bühne, auch wenn man hier vom Gefühl begleitet wird, ständig nach dem Portemonnaie tasten zu müssen. Ein Fischhändler mit kleinem Stand öffnet gerade die obere Schublade eines zerbrechlichen Nachttischchens aus Holz und zählt entspannt das dicke Bündel Geldscheine. Neben der üppigen Auswahl und dem Schauspiel haben die drei Fischmärkte eine weitere Gemeinsamkeit: Neapels Fußballchampions laufen überall auf.

Wer die Fußballverrücktheit der Neapolitaner nicht versteht, versteht Neapel nicht, heißt es. Angelo und Roberto Tortora verstehen sie; im '87 Mamma Lina leben sie mit dem SSC Neapel. Klar, dass ein Abstecher zum Diego-Armando-Maradona-Stadion zur Reise gehört. Die Umgebung vor dem Stadion im Stadtteil Fuorigrotta erzählt nicht unbedingt von Ruhm. Zwischen dem letzten Meistertitel (mit Maradona) und dem aktuellen liegen ja auch 33 Jahre. Hochhäuser mit verblassten Markisen flankieren das viertgrößte Fußballstadion Italiens. Kurz vor Ferragosto ist der Platz davor wie leergefegt. Zerfetzte Plakate und Banner an den Zäunen, Müll weht träge über den heißen Asphalt. Etwas abseits hat dennoch ein Kiosk mit Fanartikeln geöffnet.

Im spanischen Quartier an der Einkaufsmeile Via Toledo gibt es sogar eine Gasse, die nach Maradona benannt ist. Vor dem Abendessen flaniert die Reisegruppe immer in dieser übervollen Ecke und an der Promenade am Hafen. Da gibt es viel zu kosten. Pasta und Fisch in allen Variationen. Das letzte Abendessen dann am Lungomare, während die Stadt auf Ferragosto zusteuert. Am Strand lodern die ersten Lagerfeuer, junge Neapolitaner versuchen, als Parkplatzwächter ein paar Euros zu verdienen. Um Mitternacht, als sich Einwohner und Gäste „Buon Ferragosto" wünschen wie ein „gutes Neues Jahr" an Silvester, schlendern die Schwarzwald-Neapolitaner zum Mietwagen, der keine einzige neue Delle abbekommen hat. Der Mond leuchtet wie eine Pastaform aus Gragnano.
„Neapel ist immer für eine Überraschung gut", sagt dazu Vater Carmine. Die Vielfalt der Pasta hat die Köche beeindruckt und inspiriert. Für Roberto ist Neapel vergleichbar mit Jazz, Improvisationen erzählen neue Geschichten. Für seinen Bruder Angelo steht Neapel neben Pasta, Pizza und Fußball für pure Lebensfreude – und für „ein Stück Heimat".

2 Stunden | mit Fisch | Für 4 Personen

PASTA MARE WIE **AUS POZZUOLI**

Die Pasta Mare ist in Italien logischerweise vor allem in den Küstenregionen beliebt, wo sie mit fangfrischen Meeresfrüchten serviert wird. Je nach Region können das neben den hier verwendeten Frutti di Mare auch Krabben, Langusten oder Jakobsmuscheln sein. Die dürfen in einer fein-fruchtigen Tomatensauce schmoren – unsere herrlich cremig-würzige Beurre blanc gibt der Pasta nochmal einen Extra-Geschmackskick

FÜR DIE PASTA MARE WIE AUS POZZUOLI

100 ml Beurre blanc (siehe S. 137) | **500 g Paccheri** | **20 ml Olivenöl** | **2 Knoblauchzehen**
1 Chilischote | **4 frische Venusmuscheln** (Vongole) | **4 Miesmuscheln**
1 Calamari-Tube, klein geschnitten | **4 Garnelen** | **50 ml Weißwein,** z. B. Pinot Grigio
12 rote Kirschtomaten, geviertelt | **100 ml passierte Tomaten** | **20 g Petersilie,** gehackt
20 g Butter | **Salz, Pfeffer**

Die Beurre blanc passt zu allen Fischgerichten in diesem Buch. Sie hält sich zwei bis drei Wochen im Kühlschrank und kann auch eingefroren werden

Die Beurre blanc (siehe Seite 137) ansetzen und beiseitestellen.

Nudeln bis 1 Minute vor al dente kochen. Etwa 100 ml vom Nudelwasser aufbewahren. Öl in einer Pfanne erhitzen. Knoblauch pressen und Chili halbieren, alles in die Pfanne geben.
Die Meeresfrüchte hinzufügen und scharf anbraten. Mit Wein ablöschen, die Kirschtomaten und die passierten Tomaten dazugeben, anschließend die Paccheri unterrühren. Dabei immer wieder etwas vom Nudelwasser in die Pfanne nachschütten, damit die Sauce schön cremig wird und gut an den Nudeln haften bleibt. Petersilie und Butter dazugeben, mit Salz und Pfeffer abschmecken.

Die Beurre blanc nochmal kurz erwärmen und dann mit einem Stabmixer aufschäumen.
Die Pasta damit glasieren und anrichten.

60 Minuten | mit Fisch | Für 4 Personen

PASTA CON ROMBO MIT **STEINBUTT**

Knuspriger Steinbutt mit würzigen Kalamata-Oliven und Calamaretti: Das ist ein klassisches Küstengericht, wie wir es gern haben. Der Steinbutt gehört dank seines exquisiten Geschmacks zu den edelsten Speisefischen. Er wird in zerlassener Butter und Öl angebraten und mit dicken Ringnudeln serviert, die sich richtig schön mit dem Fett und der Zitronensäure anreichern. Buonissimo!

FÜR DIE PASTA CON ROMBO

500 g Calamarata | 1 Stück Steinbutt, etwa 600 g | **Salz | 60 g Butter | 30 ml Olivenöl 20 Kalamata-Oliven | 4 Kirschtomaten,** rot | **4 Kirschtomaten,** gelb | **250 g Calamaretti 50 ml Weißwein,** z. B. Pinot Grigio | **1 Zitrone,** Saft und Abrieb | **Pfeffer**

Pasta bis 1 Minute vor al dente kochen und abgießen. Etwas vom Nudelwasser aufbewahren.

Den Ofen auf 180 Grad Umluft vorheizen. Den Steinbutt leicht auf beiden Seiten salzen. Butter mit dem Olivenöl in einer Pfanne zerlassen und den Fisch von beiden Seiten jeweils zwei Minuten scharf anbraten, bis er eine goldgelbe Farbe hat. Anschließend in eine Auflaufform geben und für weitere 4–6 Minuten im vorgeheizten Backofen nachgaren lassen.

Eine Nadel an der dicksten Stelle des Fischs für etwa 10 Sekunden einstechen, herausziehen und die Temperatur mit den Lippen testen: Fühlt sich die Nadel warm an, ist der Fisch gar und er kann aus dem Ofen genommen werden.

Die Oliven und die Kirschtomaten vierteln und gemeinsam mit den Calamaretti in einer Pfanne anbraten. Etwas vom Nudelwasser dazugeben, kurz durchschwenken und anschließend die Nudeln hinzufügen.

Mit Weißwein ablöschen und noch ein Stück Butter in die Sauce geben. Alles mit dem Zitronensaft und -abrieb sowie Salz und Pfeffer abschmecken und zusammen mit dem Steinbutt servieren.

Den Steinbutt bratet Ihr ohne Haut an. Ihr könnt sie direkt beim Fischhändler entfernen lassen. Oder Ihr legt den Fisch auf eine Arbeitsfläche und rubbelt die Schwanzflosse mit einem trockenen Tuch leicht hoch. So lässt sich die Haut leicht entfernen

20 Minuten | mit Fisch | Für 4 Personen

CALAMARATA MIT **LACHS**

Die Calamarata verdanken ihren Namen ihrer Form, die ein bisschen an Calamari-Ringe erinnert. Traditionell wird die Pasta daher auch mit Tintenfischen serviert – und manchmal sogar mit ihrer Tinte eingefärbt. Im Mamma Lina lieben wir die dicken Nudeln mit gebratenem Lachs, den wir in einer herrlich cremigen Sauce aus Beurre blanc und Kräuteröl servieren. Ein Traum für alle Fischliebhaber!

FÜR DIE CALAMARATA MIT LACHS

100 ml Beurre blanc (siehe S 137) | **500 g Calamarata** | **20 ml Olivenöl** | **¼ Zwiebel,** gewürfelt
16 Kirschtomaten, gelb | **300 g Lachsfilet** | **100 ml Weißwein,** z. B. Pinot Grigio | **60 g Butter**
10 g Petersilie, gehackt | **Chilipulver** | **Salz und Pfeffer** | **10 ml Kräuteröl** (siehe S. 137)

Calamarata gibt es nicht in Eurem Supermarkt? Dann schaut mal, ob Ihr stattdessen die etwas kleineren und längeren Paccheri bekommt

Die Beurre blanc (siehe Seite 137) anrühren und beiseitestellen.

Die Nudeln bis 1 Minute vor al dente garen. Etwa 100 ml vom Nudelwasser aufbewahren.

Das Olivenöl in einer Pfanne erhitzen und die Zwiebelwürfel sowie die Kirschtomaten darin anbraten. Den Lachs in Würfel schneiden, hinzugeben, mitbraten und mit dem Weißwein ablöschen. Dabei einen Schluck Nudelwasser in die Pfanne geben und das Stück Butter dazu. Die Nudeln unterrühren, alles gut durchschwenken und noch ein bisschen simmern lassen. Die Petersilie dazugeben und mit Chili, Salz und Pfeffer abschmecken.

Währenddessen die Beurre blanc erwärmen und mit einem Pürierstab schaumig mixen. Etwas Kräuteröl und die Beurre blanc als Garnitur über die Nudeln träufeln und sofort servieren.

20 Minuten | mit Fisch | Für 4 Personen

PENNE PISTACCHIO MIT **VENUSMUSCHELN**

Pasta con amore – und zwar im wahrsten Sinne des Wortes: Highlight dieser Pasta sind die frischen Vongole Veraci, die in Deutschland Venusmuscheln heißen. In Kombination mit der Pistaziencreme und dem Pistaziengrieß entsteht ein außergewöhnliches Meeresfrüchte-Gericht, das bei uns der neue Liebling vieler Fischliebhaber geworden ist. Ob bei einem romantischen Abend oder einfach so …

FÜR DIE PENNE PISTACCHIO MIT VENUSMUSCHELN

500 g Mezze Rigate | 40 Vongole (Venusmuscheln) **| Salz | 20 g Butter | 20 ml Olivenöl**
1 Knoblauchzehe | 50 ml Weißwein | 200 g Pistaziencreme (siehe S. 133) **| 60 g Pistaziengrieß**
50 ml Kochsahne | Pfeffer | 1 paar Blätter Shiso Purple (z. B. von Koppert Cress)
4 EL gehackte Pistazien als Deko

Nudeln bis 1 Minute vor al dente kochen und abgießen. Dabei etwa 100 ml vom Nudelwasser aufbewahren.

Die Muscheln in eine Schüssel mit kaltem, leicht gesalzenem Wasser geben und abdecken. So öffnen sich die Muscheln und geben Sand und Schmutz ab. Die Muscheln nach etwa einer Stunde durch ein Sieb abgießen. Dann noch mal gründlich unter fließendem kaltem Wasser waschen und eventuell abbürsten.

Wenn die Vongole sich partout nicht öffnen wollen, solltet Ihr sie nicht verzehren. Die geschlossenen Muscheln könnt Ihr einfach aussortieren

Butter und Öl in einer Pfanne erhitzen und den Knoblauch darin angehen lassen. Jetzt die Vongole dazugeben und mit Weißwein ablöschen. Die Pistaziencreme und den Pistaziengrieß mit der Kochsahne vermischen, dazugeben und das Ganze zwei bis drei Minuten köcheln lassen. Dabei immer wieder etwas vom Nudelwasser in die Pfanne geben, damit die Sauce schön cremig wird und gut an den Nudeln haften bleibt.

Nudeln dazugeben und mit der Sauce und den Muscheln gut durchschwenken. Mit Salz und Pfeffer abschmecken und zum Anrichten mit dem Shiso Purple und den gehackten Pistazien garnieren.

70 Minuten | mit Fisch | Für 4 Personen

NONNA LINAS **MIESMUSCHEL-EINTOPF**

Cremige Kartoffeln, verschiedene Nudeln, zarte Muscheln: Unsere Pasta cozze e patate ist ein wunderbares Wintergericht, in dem Neapels Liebe zum Meer so richtig schön zur Geltung kommt.
Auf dem Fischmarkt in Pozzuoli serviert man die frischen Miesmuscheln sogar roh als Auster des kleinen Mannes – also aufgeschnitten, ausgelöst und mit einem Spritzer Zitrone

FÜR NONNA LINAS MIESMUSCHEL-EINTOPF

300 g Kartoffeln, vorwiegend festkochend | **200 g Kochsahne** | **1 Kartoffel** | **50 ml Öl**
500 g Pasta-Mischung, z. B. Fusilli, Spirelli, Rigatoni | **500 g Miesmuscheln** | **1 Knoblauchzehe**
8 Kirschtomaten | **50 ml Olivenöl** | **100 ml Weißwein,** z. B. Pinot Grigio | **30 g Petersilie,** gehackt
Salz, Pfeffer

Kartoffeln schälen, kochen und das Wasser abgießen. Dann zerstampfen und mit der Kochsahne einmal aufmixen. Damit binden wir später die Sauce.

Mit einem Gabeltest könnt Ihr ganz einfach feststellen, ob die Kartoffel durch ist. Wenn die Gabel ganz weich durchgeht, ist die Kartoffel fertig. Spürt Ihr einen Widerstand, braucht sie noch ein wenig

Eine weitere Kartoffel schälen, in kleine Würfel schneiden und kurz in kaltes Wasser legen. Herausnehmen, abtrocknen und in Öl knusprig ausbacken. Diese knusprigen Kartoffelwürfelchen kommen ganz am Ende als Topping drauf.

Nudeln bis 1 Minute vor al dente kochen. Etwa 100 ml Nudelwasser aufbewahren.

Die Miesmuscheln putzen, geschlossene oder beschädigte Muscheln aussortieren. Knoblauch schneiden und Kirschtomaten vierteln. Öl in der Pfanne erhitzen und den Knoblauch und die Tomaten anbraten. Bei starker Hitze die Muscheln in der Knoblauch-Tomaten-Pfanne einmal kräftig anschwitzen und mit dem Weißwein ablöschen.

Das Kartoffelsahne-Gemisch und die gekochten Nudeln dazu geben. Gut durchschwenken und immer wieder etwas vom Nudelwasser zugeben, damit sich die Aromen verbinden können. Mit Petersilie, Salz und Pfeffer verfeinern und die ausgebackenen Kartoffel-Würfel als Deko dazugeben.

20 Minuten mit Fisch Für 4 Personen

BUCATINI MIT **GAMBERONI**

Hierzulande werden Bucatini wegen des Lochs in der Mitte oft Makkaroni genannt. Tatsächlich sind sie aber etwas dünner und länger als ihre berühmten Verwandten. In Italien werden sie üblicherweise für das Pastagericht Amatriciana verwendet. Wir servieren sie auch gerne mit Meeresfrüchten – so wie hier mit Gamberoni, die in einer feinen Sauce aus Kirschtomaten, Weißwein und Knoblauch schmoren dürfen

FÜR DIE BUCATINI MIT GAMBERONI

500 g Bucatini | **16 Riesengarnelen** (Gamberoni, je etwa 30–40 g) | **20 ml Olivenöl,** kaltgepresst **1 Knoblauchzehe,** gepresst | **12 Kirschtomaten,** geviertelt | **50 ml Weißwein,** z. B. Pinot Grigio **300 ml Napolisauce** (siehe S. 137) | **Salz, Pfeffer** | **20 g Petersilie,** gehackt

Garnelenschalen löst man am besten, indem man den Panzer an der Unterseite auseinanderzieht. Ihr könnt Euch die Garnelen aber auch schon beim Fischhändler küchenfertig zubereiten lassen

Nudeln bis 1 Minute vor al dente garen. Etwa 100 ml vom Nudelwasser aufbewahren.

Die Riesengarnelen schälen, den Kopf und den Darm entfernen. Unter fließendem Wasser kurz kalt abspülen und trockentupfen. Das Öl in der Pfanne auf etwa 180 Grad erhitzen und den Knoblauch sowie die Kirschtomaten in die Pfanne geben. Die Riesengarnelen hinzufügen und kräftig anbraten.

Mit dem Weißwein ablöschen, die Napolisauce dazugeben und für 3 bis 5 Minuten einkochen lassen. Die gekochten Bucatini hinzufügen und immer wieder etwas vom Nudelwasser in die Pfanne nachschütten, damit die Sauce bindet und schön cremig wird. So haftet sie später gut an den Nudeln. Alles mit Salz und Pfeffer abschmecken, die Petersilie darüberstreuen und sofort anrichten.

Nach Belieben könnt Ihr die Pasta auch noch mit etwas Beurre blanc (siehe S. 137), Kräuteröl (siehe S. 137) oder frischer Blutampferkresse verfeinern.

30 Minuten | mit Fisch | Für 4 Personen

RIGATONI MIT **PULPO-RAGOUT**

Es gibt ja Menschen, die einen Korken ins Kochwasser geben, weil der Pulpo damit angeblich besonders zart wird. Andere schwören darauf, ihn im Bier zu garen. Aber ganz ehrlich: Solche Hilfsmittelchen braucht man beim Pulpo nicht. Lasst ihn einfach ganz gemütlich im Topf vor sich hin garen – und nach spätestens eineinhalb Stunden ist der Tintenfisch so zart, dass er Euch fast von der Gabel fällt!

FÜR DEN PULPO

1 Liter Wasser | 1 Fleischtomate | 1 Stange Lauch | 1 große Zwiebel, geschält **| ½ Sellerieknolle**
10 Petersilienstängel | 2 Lorbeerblätter | 2 Wacholderbeeren | 2 EL Salz | 600–700 g Pulpo, roh

Wasser in einem Topf aufsetzen. Fleischtomate, Lauch, Zwiebel und Sellerieknolle in grobe Stücke schneiden und zusammen mit den Petersilienstängeln, Lorbeerblättern, Wacholderbeeren und dem Salz ins Wasser geben. Pulpo hinzugeben und auf mittlerer Hitze je nach Größe 45–60 Minuten garen, von der Hitze nehmen und im Pulpo-Sud auskühlen lassen. Aus dem Wasser nehmen und in Stücke schneiden.

FÜR DIE PASTA

500 g Rigatoni | 20 ml Olivenöl | 2 Knoblauchzehen, geschält und halbiert **| 1 Chilischote,** halbiert
12 Kirschtomaten, geviertelt **| 100–150 ml Primitivo Rotwein | 100 ml passierte Kirschtomaten**
20 g Butter | 2 EL Petersilie, fein gehackt **| Salz, Pfeffer**

Nudeln bis 1 Minute vor al dente kochen und abgießen. Dabei etwa 100 ml vom Nudelwasser aufbewahren. Öl in einer Pfanne erhitzen und Knoblauch sowie Chili darin anschwitzen. Pulpo und Kirschtomaten dazugeben und mit Rotwein ablöschen. 5–6 Minuten köcheln lassen, bis der Rotwein reduziert ist. Die passierten Kirschtomaten, die Rigatoni und die Butter hinzugeben, durchschwenken und noch ein bisschen simmern lassen. Dabei immer wieder etwas vom Nudelwasser in die Pfanne geben, damit die Sauce schön cremig wird und gut an den Nudeln haften bleibt. Zum Schluss die Petersilie hinzufügen (wichtig: nicht zu früh dazugeben, weil sie sonst grau wird) und alles mit Salz und Pfeffer abschmecken.

Zum Anrichten mit etwas Milchschaum und/oder etwas Blutampferkresse garnieren.

Am besten kauft Ihr den Pulpo bereits küchenfertig, da die Reinigung und Vorbereitung eher aufwändig ist. Ihr könnt ihn auch vorgefroren kaufen, um noch mehr Zeit zu sparen

20 Minuten | mit Fisch | Für 4 Personen

SEPPIA SPAGHETTI MIT **CALAMARETTI**

Schwarz wie die Nacht sind unsere Spaghetti. Woher diese Farbe kommt? Vom Tintenfisch, besser gesagt von seiner Tinte. Die verleiht unserer Pasta einen leicht salzigen und umamiartigen Geschmack, weshalb die Nudeln perfekt zu Meeresfrüchten passen. Wir servieren die schwarzen Schönheiten mit Calamaretti. Für einen blutroten Farb-Touch und Extrafrische sorgen die knackigen Kirschtomaten

FÜR DIE SEPPIA SPAGHETTI MIT CALAMARETTI

500 g schwarze Spaghetti (für den Teig siehe S. 33) | **1 Knoblauchzehe** | **200 g Calamaretti**
20 ml Olivenöl | **60 ml Weißwein,** z. B. Pinot Grigio | **12 Kirschtomaten** | **50 g Butter** | **Salz, Pfeffer**
20 g Petersilie, gehackt

Da die Tintenfischtinte bereits salzig ist, könnt Ihr mit dem Salz im Kochwasser sparsamer sein

Nudeln bis 1 Minute vor al dente kochen und abgießen. Dabei etwa 100 ml vom Nudelwasser aufbewahren.

Eine Knoblauchzehe schälen und pressen. Die Calamaretti in mundgerechte Ringe schneiden. Olivenöl in einer Pfanne erhitzen und den Knoblauch darin anschwitzen. Calamaretti dazu geben und scharf anbraten. Alles mit dem Weißwein ablöschen. Die Kirschtomaten halbieren und mit den Nudeln in die Pfanne geben. Alles gut durchschwenken. Dabei die Butter und etwas vom Nudelwasser in die Pfanne geben, damit die Sauce schön cremig wird.

Mit Salz und Pfeffer abschmecken und zum Anrichten mit der Petersilie garnieren.

CURVA A UPERIORE
CURVA A INFERIORE
INGRESSO GATE 24
SINA
ODIO MARONI

CURVA A INFERIORE

PESARO – WACKENHUTS RISTORANTE MIT STERN

DAS MAMMA LINA **FÜR JEDEN TAG**

Die Wackenhuts und die Tortoras – das ist mehr als nur eine geschäftliche Partnerschaft. Hier sind inzwischen wahre Amici zugange. Im Betriebsrestaurant von Wackenhut gibt es inzwischen sogar ein italienisches Ristorante – mit Essen aus dem Mamma Lina

Familiengeführt und innovativ: Dafür steht Wackenhut in Baden-Baden seit 1948 – mittlerweile auch an zehn weiteren Standorten in Baden-Württemberg und Bayern. Passt also zum Mamma Lina. Ganz so viele Ristoranti haben die Tortoras zwar nicht, aber wer weiß, was die Zukunft noch so alles bringt...

Wie das duftet! Nicht nach Öl, Benzin oder neuem Auto, wie man das bei einem Mercedes-Vertragspartner vielleicht erwarten würde. Sondern nach frischer Pinsa, schmelzendem Mozzarella und dem würzigen Aroma einer reichhaltigen Tomatensauce mit viel Gemüse darin. Klingt fast wie im Restaurant, ist aber die Kantine – oder besser: das Betriebsrestaurant der Firma Wackenhut, die als Mobilitätsdienstleister von Baden-Baden und zehn weiteren Standorten aus den Nordschwarzwald betreut.

„Das Pesaro gibt es seit Januar 2023“, erklärt Geschäftsführer Ernst-Jürgen Wackenhut, der auch selbst gern hier isst. Mal allein, mal mit Kunden oder Geschäftspartnern, gern aber auch im Austausch mit den Mitarbeitern. „Früher war das eine ganz einfache Kantine, die von der Belegschaft aber nicht mehr gut angenommen wurde. Die alte Kantine wurde eher als Aufenthaltsraum genutzt, wo viele ihr mitgebrachtes Essen verspeisten.“ Um das zu ändern, hat sich Wackenhut erst mit Angelo Tortora zusammengesetzt, dann mit dem bekannten Baden-Badener Architekten Peter W. Kruse und mit Interior Designer Holger Schalk von Common Concept aus Stuttgart. „Unsere Philosophie ist, dass wir uns für unsere Mitarbeiter genauso engagieren wie für unsere Kunden. Daher war es mir wichtig, einen Ort zu schaffen, an dem sich die Kolleginnen und Kollegen wohl fühlen, wo sie Kraft tanken und spüren, dass wir sie wertschätzen“, so Wackenhut.

Wichtiger Bestandteil dieses Konzepts: Das Essen kommt aus dem Mamma Lina. Die Salate werden am Vormittag frisch zubereitet, ebenso die Nudeln und die Saucen, die dann in Thermophoren den kurzen Weg in den Norden Baden-Badens zurücklegen, wo Kantinenchef Marlon Marinelli alles finished, noch mal richtig heiß macht und auf feinem Porzellan ausgibt. „Den Speiseplan schreiben Angelo und sein Team“, sagt Wackenhut dazu. „Aus unse-

Prego! Bei Wackenhut in Baden-Baden gibt's Cucina Italiana aus dem Mamma Lina – ein Konzept, das sich Angelo zusammen mit Ernst-Jürgen Wackenhut ausgedacht hat

rer Sicht ist das optimal, weil die italienische Küche einerseits leicht und gesund ist – andererseits aber auch allen schmeckt und sehr abwechslungsreich ist." Entsprechend liest sich die Karte für diese Woche. Neben den zwei Salaten gibt es einen neapolitanisch inspirierten Burger, Pinsa in den unterschiedlichsten Varianten, vegetarische Nudelgerichte und mitunter auch mal ein Risotto. Gespeist wird auf einer taupe-grünen, samtweichen Polsterbank an eleganten schwarzen Holztischen, begleitet von leiser Musik und mit Blick ins Grüne.

Entsprechend ist die Resonanz. „Bis zu 100 Gerichte servieren wir jeden Mittag", sagt Marinelli und wappnet sich für den Ansturm. Die Mechaniker aus der Werkstatt stehen als erste an der Ausgabe, dann kommen die Kolleginnen und Kollegen aus der Verwaltung und dem Verkauf. „Zweimal die Mezze Vegetariana, bitte!" „Für mich den Salat mit Mozzarella!" „Wir würden die Pinsa nehmen – anstelle von Champignons bitte mit Schinken, wenn das geht?" Es geht, denn Marlon Marinelli macht so ziemlich jeden Wunsch seiner Gäste möglich – ganz ähnlich wie das auch im Mamma Lina gehandhabt wird. „Diese Philosophie ist wichtig", sagt Angelo Tortora. „Dass dir die Zufriedenheit deiner Gäste wichtig ist und du bereit bist, dich wirklich zu engagieren, das ist die Basis von allem."

Dass die Tortoras parallel zum Restaurantbetrieb auch ein Betriebsrestaurant belie-

Amici mit Geschmack: Angelo Tortora und Ernst-Jürgen Wackenhut im stylischen Pesaro-Ambiente, dem neuen Ristorante des Hauses in Baden-Baden

fern, hat viel mit dem besonderen Verhältnis der Wackenhuts und der Tortoras zu tun. Die Zusammenarbeit – oder besser: die Freundschaft – hat während der Corona-Pandemie so richtig Fahrt aufgenommen. Das Mamma Lina hatte sich damals zunächst mit Baden-Badens Taxifahrern zusammengetan, um Pizzen und Pasta auszuliefern. Essen auf Rädern in einer Zeit, in der andere nur den Kopf in den Sand steckten. „Das hat mich wirklich beeindruckt", sagt Ernst-Jürgen Wackenhut, der die Aktion unterstützte, rückblickend. „Mit welcher Energie Angelo und sein Team dieser Krise getrotzt haben und dann auch noch die Kraft gefunden haben, anderen zu helfen: Das war schon klasse." Wackenhut spielt damit auf Baden-Badener Ärzte und Schwestern im Krankenhaus an, die während der Pandemie über Monate hinweg von den Tortoras verpflegt wurden – einfach aus Pflichtgefühl und Empathie heraus, und ohne dafür etwas zu verlangen.

Hilfsbereitschaft – das ist auch ein Teil der Wackenhut-DNA, die mit ihren Pannenhelfern jedes Jahr rund 5000 Autofahrer und Trucker aus der Patsche holen. „Wir legen Wert darauf, mehr als nur ein Autohaus zu sein", sagt Ernst-Jürgen Wackenhut dazu, der nicht nur auf die Kunden- und Mitarbeiterzufriedenheit, sondern auch auf gelebte Nachhaltigkeit großen Wert legt. Begrünte Dächer, große Photovoltaikanlagen, die Renaturierung des Flüsschens Nagold – die Wackenhuts sind auch in dieser Hinsicht rührig.

60 Minuten | süß | Für 4 Personen

SCHWARZWALD MASSAKER-PASTA

Der Schwarzwald und Italien haben nichts gemeinsam? Von wegen! Wir vom Mamma Lina als waschechte Schwarzwald-Neapolitaner wissen, wie sich unsere beiden Welten miteinander vereinen lassen. Und spätestens nach dieser süßen Pastaspeise mit Ricotta-Schoko-Tortellini, glasierten Kirschen, Sahne und einer Kirschsauce seid auch Ihr sicher im Dessert-Himmel angekommen

FÜR DIE TORTELLINI

200 g Instantmehl (Dunst) | **200 g Weizenmehl** | **40 g Kakao-Pulver** | **8 g Zucker** | **1 Ei** | **2 Eigelb 50 ml Wasser** | **20 g Zartbitter-Schokolade** | **250 g Ricotta** | **60 g Zucker** | **5 g Vanille**

Für den Schoko-Tortelliniteig Instantmehl, Mehl, Kakao und Zucker in eine Schüssel geben. Ei und Eigelbe mit Wasser und geschmolzener Schokolade vermengen, zur Mehlmasse geben und in der Küchenmaschine zu einem Teig verkneten. Eine Kugel formen, in Frischhaltefolie wickeln oder vakuumieren und für 12 Stunden im Kühlschrank ruhen lassen. Anschließend den Teig in Portionen durch die Nudelmaschine geben oder von Hand ausrollen, bis Ihr hauchdünne Teigplatten habt.

Für die Füllung Ricotta mit Zucker und Vanille zu einer cremigen Masse verrühren. Eine Teigplatte mit einem Teigrad in 7 x 7 cm große Quadrate schneiden. Nun die Füllung mittig auf den Teigquadraten platzieren. Ein Teigquadrat nach dem nächsten von der Arbeitsplatte lösen, zwei Enden diagonal zu einem Dreieck zusammenfalten und die Kanten mit dem Finger verschließen. Nun die beiden Eckpunkte der Diagonalen um einen Finger führen und die Enden zusammendrücken, sodass die typische Tortellini-Form entsteht. Die Tortellini in kochendem Wasser sieden lassen. Spätestens nach 4 Minuten schwimmen sie oben und können mit einem Schaumlöffel herausgenommen werden.

Frische und besonders leckere Kirschen erkennt Ihr an einem fest sitzenden, grünen Stiel

FÜR DIE SCHWARZWÄLDER KIRSCHEN

120 ml Kirschsaft | **24 Kirschen** | **1 TL Speisestärke** | **50 g Zucker** | **70 g Schlagsahne** | **5 g Vanille**

Für die glasierten Kirschen den Kirschsaft in einen Topf geben und erhitzen. Kirschen dazugeben und 4–5 Minuten darin köcheln lassen. Die Kirschen mit einem Schaumlöffel herausnehmen und zur Seite stellen. Den übrigen Kirsch-Fond mit Speisestärke andicken und nach Wunsch mit etwas Zucker süßen. Parallel die Sahne steif schlagen und mit Zucker und Vanille verfeinern.

Die Kirschsauce mit einem Löffel auf die 4 Teller geben, die Tortellini gleichmäßig darauf platzieren und mit Sahne und glasierten Kirschen garnieren. Wer will, kann noch etwas Zartbitter-Schokolade mit einer Reibe fein über die Teller reiben.

20 Minuten | süß | Für 4 Personen

MUSCHELPASTA MIT **PFIRSICH UND WALNÜSSEN**

Dass man die großen Muschelnudeln vielfältig füllen kann? Logisch! Aber habt Ihr schon mal an eine süße Variante gedacht? In diesem Rezept füllen wir die Nudeln mit frischen Pfirsichspalten, gehackten Walnüssen und einer Sauce, die Ihr so vielleicht noch nie gegessen habt: aus weißer Schokolade und mit einem Schuss vom Bitterorangenlikör Grand Marnier …

FÜR DIE MUSCHELPASTA MIT PFIRSICH UND WALNÜSSEN

20 große Muschelnudeln (Conchiglioni) | **4 ganze Walnüsse** | **20 g Butter** | **2 Pfirsiche**
50 g weiße Schokolade | **Salz, Pfeffer** | **20 ml Grand Marnier** (Bitterorangenlikör) | **1 EL Puderzucker**
10 g Sauerampfer-Kresse

Die Muschelpasta al dente garen. Etwa 100 ml vom Nudelwasser aufbewahren.

Die Walnüsse aus der Schale lösen und fein hacken. Butter in eine Pfanne geben und erhitzen, die gehackten Walnüsse zugeben und für ein paar Minuten anrösten. Mit dem Nudelwasser ablöschen und aufkochen lassen.

So lassen sich Walnüsse easy knacken: Einfach über Nacht in eine Schüssel Wasser einlegen. Die Schale saugt das Wasser auf und kann so leichter geknackt werden

Parallel die Pfirsiche waschen und in etwa 1 cm dicke Spalten schneiden. Die weiße Schokolade in einem Wasserbad vorsichtig schmelzen lassen. Die Pfirsichspalten zu den restlichen Zutaten in die Pfanne geben und für 2–3 Minuten simmern lassen.

Zum Schluss die zerlassene Schokolade und die vorgekochten Nudeln dazugeben, mit Salz, Pfeffer und Grand Marnier abschmecken und anrichten. Nach Belieben mit etwas Sauerampfer-Kresse und Puderzucker garnieren und sofort servieren.

25 Minuten | süß | Für 4 Personen

CHOCOLATE DITALINI MIT **BUNTEN FRÜCHTEN**

Was hier aussieht wie kleine Schokoladen-Röhrchen, ist in Wahrheit ein Teller Nudeln – überzogen mit einer Schokoladen-Sahne-Sauce. Kuvertüre, Butter und Sahne ergeben die cremige Sauce, dazu werden Ditalini serviert. Für den Frischekick sorgt eine bunte Obstvariation aus Bananen, Trauben, Kirschen, Beeren und Physalis

FÜR DIE SCHOKOPASTA

500 g Ditalini | 8 Kirschen | 12 Trauben | 1 Banane | 4 Physalis | 1 Mango | 16 Blaubeeren 16 Himbeeren | 100 g Vollmilch-Kuvertüre | 100 ml Kochsahne | 50 g Butter | etwas Puderzucker

Das Rezept lässt sich auch ganz einfach mit Zartbitter- oder weißer Schokolade abwandeln – und auch beim Obst ist Eurer Fantasie keine Grenze gesetzt

Die Ditalini al dente kochen.

Das Obst waschen, die Banane in feine Taler und die Mango in schmale Schnitze schneiden.

Die Kuvertüre mit einem Messer in Stücke schneiden. Eine Pfanne erhitzen und die Kochsahne vorsichtig darin erwärmen. Nun die Kuvertüre-Stücke dazugeben und langsam in der Sahne zum Schmelzen bringen. Die Butter dazugeben und so lange rühren, bis eine cremige Schokoladenmasse entsteht.

Die vorgekochten Nudeln in die Pfanne mit der Schokoladensauce geben und für 2–3 Minuten durchschwenken, sodass sich Schokolade und Nudeln miteinander verbinden. Die Pasta gleichmäßig auf 4 Tellern verteilen, mit dem vorbereiteten Obst nach Belieben garnieren und noch warm servieren.

60 Minuten | süß | Für 4 Personen

SWEET PAPPARDELLE MIT **BIRNE UND GORGONZOLA**

Trifft eine saftig-süße Birne auf würzigen, cremigen Gorgonzola… Wow, das passt verdammt gut! Wir haben uns in diesem Rezept für geschmorte Birnenhälften aus dem Ofen mit einer Gorgonzola-Sahne-Sauce entschieden. Dazu werden breite, italienische Bandnudeln und Chips vom Parmaschinken kombiniert. Da kann man sich ja kaum entscheiden, ob dieses Gericht eine Vor-, Haupt- oder Nachspeise sein soll…

FÜR DIE SWEET PAPPARDELLE

4 Scheiben Parmaschinken | 2 Birnen | etwas Puderzucker | 500 g Pappardelle | 150 ml Kochsahne
50 ml Birnensaft | 250 g Gorgonzola | Salz, Pfeffer | 80 g Birnen-Kompott

Für die Parmaschinken-Chips den Schinken nebeneinander auf ein mit Backpapier ausgelegtes Backblech legen und im vorgeheizten Backofen bei 160 Grad Umluft für 30–40 Minuten kross backen. Danach herausnehmen und bereitstellen. Die Temperatur des Ofens auf 220 Grad erhöhen.

Übrigens: Birnenkompott lässt sich auch easy selbst machen. Dazu einfach Birnen in Würfel schneiden und mit etwas Wasser, Zucker, Zimt und Vanille für 15 Minuten bei mittlerer Hitze köcheln lassen

Die Birnen gründlich waschen, längs halbieren und in eine ofenfeste Form legen. Mit Puderzucker bestäuben und für 15 Minuten karamellisieren lassen.

Die Pappardelle bis 1 Minute vor al dente garen. Etwa 100 ml vom Nudelwasser aufbewahren.

Eine Pfanne mit der Kochsahne und dem Birnensaft erhitzen, den gezupften Gorgonzola hineingeben und darin zum Schmelzen bringen. Dabei immer wieder etwas vom Nudelwasser in die Pfanne geben, damit die Sauce schön cremig wird und später gut an den Nudeln haften bleibt.

Nun die Nudeln in die Pfanne mit der Sauce geben, alles gut durchschwenken und für 2–3 Minuten simmern lassen. Mit Salz und Pfeffer abschmecken.

Zum Anrichten zunächst das Birnen-Kompott mittig auf den insgesamt 4 Tellern verstreichen. Die Nudeln aufdrehen und gleichmäßig auf dem Kompott verteilen. Die Parmaschinken-Chips über die Nudeln bröseln. Pro Teller eine Birnenhälfte platzieren und sofort servieren.

60 Minuten | süß | Für 10 Stück

CANNELLONI MIT **SCHOKO-MOUSSE**

Was hier im Bild aussieht wie ganz normale Cannelloni, sind in Wahrheit Keksrollen! Konkret gesagt verwenden wir im Mamma Lina Originalrezept einen Keksgrundteig für Sablé, einen französischen Butterkeks. Der wird hauchdünn gebacken, anschließend zu kleinen, Cannelloni-artigen Röllchen verarbeitet und mit einer feinen Schokoladen-Mousse gefüllt

FÜR DIE KEKS-CANNELLONI

80 g Eigelb | 160 g Zucker | 225 g Mehl | 15 g Backpulver | 2 g Salz | 160 g Butter, weich

Das Eigelb zusammen mit dem Zucker in eine Schüssel geben und mit einem Handrührgerät schaumig schlagen. Mehl, Backpulver und Salz vermengen und mit einem Sieb zur Eigelb-Masse sieben. Vorsichtig unterheben, die weiche Butter (auf Raumtemperatur) zugeben und zu einer homogenen Masse verrühren.

Der Sablé-Teig hat den großen Vorteil, dass er noch sehr weich und formbar ist, wenn er aus dem Ofen kommt. Erst, wenn die viele Butter im Teig erkaltet, erstarrt der Keks in seiner finalen Form

Ein Backpapier bereitlegen, etwa 100 g der Masse daraufstreichen und mit einem weiteren Backpapier bedecken. Nun die Masse zwischen den beiden Backpapierlagen mit einem Nudelholz etwa 3 mm dünn ausrollen. Anschließend das obere Backpapier wieder abziehen, den Ofen auf 185 Grad Umluft vorheizen und die Keksmasse für etwa 12–14 Minuten goldbraun backen. Nun den Keksteig aus dem Ofen nehmen und schnell weiterverarbeiten. Dazu den Teig in etwa 4 x 15 cm große Stücke schneiden und die typischen Cannelloni-Rollen formen. Das geht, indem Ihr die einzelnen Teigplatten im heißen Zustand über einen runden Gegenstand wickelt, etwa ein dünnes Nudelholz oder eine Röhre. Mit dem Erkalten härtet der Teig aus.

FÜR DIE SCHOKOLADEN-FÜLLUNG

5 Eigelb | 100 g Zucker | 35 ml Wasser | 250 g Kuvertüre | 330 g Schlagsahne, geschlagen

Eigelb in eine Schüssel geben und schaumig aufschlagen. Wasser und Zucker in einen Topf geben und auf 121 Grad erhitzen. Anschließend das Zucker-Wasser-Gemisch zum Eigelb geben und vorsichtig unterheben. Parallel die Kuvertüre in einem Wasserbad zum Schmelzen bringen und ebenfalls zur Masse geben, genauso wie die geschlagene Sahne. Die Masse für 2 Stunden kaltstellen.

Die Schokofüllung in einen Spritzbeutel füllen und vorsichtig in die Cannelloni spritzen. Wer will, kann die Rollen noch mit geschmolzener weißer und dunkler Schokolade überziehen.

'87 MAMMA LINA
by Tortora Brother's
X
WACKENHUT
PERFECT DRIV

20 Minuten | süß | Für 2 Personen

DAS ORGINAL-REZEPT: **SPAGHETTI-EIS**

Ein Bett aus Sahne, durch eine Spätzlepresse gedrücktes Vanilleeis, eine feine Erdbeersauce und weiße Schokoraspeln on top: Spaghetti-Eis ist Kult. Die geniale Idee stammt übrigens von unserem Freund Dario Fontanella, der gerade einmal 17 war, als er im Eiscafé seines Vaters Mario in Mannheim diesen genialen Einfall hatte. Fürs Pastabuch hat unser lieber Freund nun sein geheimes Originalrezept rausgerückt...

FÜR DAS SPAGHETTI-EIS VON ERFINDER DARIO FONTANELLA

400 g Erdbeeren | etwas Zucker | 30 g weiße Schokolade (am Stück) | **100 g Schlagsahne**
4 Kugeln Vanilleeis (etwa 300 g)

Eine Spätzlepresse gewaschen und gut abgetrocknet für etwa 15 Minuten in den Tiefkühlschrank legen. Währenddessen Erdbeeren waschen, entkelchen und pürieren. Je nach Geschmack und Süße der Erdbeeren mit etwas Zucker abschmecken und bereitstellen.

Die weiße Schokolade wie Parmesan reiben und bereitstellen.

Die Sahne schlagen und auf zwei vorgekühlte Schälchen verteilen. Mit einem nassen Löffel oder einem Eis-Portionierer pro Schälchen zwei Kugeln Vanilleeis abstechen, in die Spätzlepresse geben und so durchdrücken, dass die Eis-Nudeln die Sahne komplett bedecken. Die Spätzlepresse sorgt dabei dafür, dass das Eis noch etwas cremiger wird – wie frisch aus der Eismaschine.

Das vorbereitete Erdbeer-Püree über die Eis-Spaghetti geben. Anschließend die weiße Schokolade über die Spaghetti streuen und direkt servieren.

Finger weg von Eis mit der Aufschrift „mit Vanille-geschmack“! Darin wird künstlich hergestelltes Vanillin verwendet. Steht auf der Packung „Vanilleeis“, könnt Ihr Euch sicher sein, dass Vanilleextrakt ohne natürliches Vanillearoma verwendet wurde

WEIL ES FÜR EIN GUTES BUCH IMMER AUCH EINE GUTE MANNSCHAFT BRAUCHT

MILLE GRAZIE ALLA **NOSTRA GRANDE SQUADRA**

Sechs intensive Monate liegen hinter uns. So lange haben wir an diesem Buch gearbeitet. Möglich aber war das nur, weil wir ganz viel Unterstützung erfahren haben und dafür möchten wir uns an dieser Stelle herzlich bedanken!

Bis zum nächsten Mal? Warum nicht! Neapel hat schließlich noch so einige kulinarische Überraschungen zu bieten. Mal sehen, was Roberto, Carmine und Angelo Tortora mit Küchenchef Michele Arsuto als nächstes aus dem Hut zaubern …

Das vergangene halbe Jahr war echt intensiv. Wir haben das Mamma Lina für unsere Gäste noch schöner gemacht und die Terrasse erweitert, unser neues Café in Baden-Baden entwickelt und auf ganz schön vielen Hochzeiten getanzt: vom Kurpark-Meeting bis zum Baden-Badener Weihnachtsmarkt. Dazu muss man wissen: Das Mamma Lina ist an sieben Tagen in der Woche mittags und abends geöffnet – und eigentlich immer sehr gut besucht. Wenn man sich dann noch an eine Buchproduktion wagen möchte, muss man schon eine sehr gute Mannschaft haben, auf die man sich total verlassen kann. Und genau so ist es auch. Insofern: Vielen, vielen Dank an das Mamma-Lina-Team oder besser – die Mamma-Lina-Familie, die wir inzwischen geworden sind und in der jeder für den anderen da ist. Das ist vielleicht das Beste an allem, dass wir mit so einem tollen Team gesegnet sind.

Wo wir schon von Familie sprechen: Danke, Papa! Denn Carmine war wieder mit uns in Neapel, hat uns die Türen bei La Rosina geöffnet und mit seinen Kontakten ganz viel möglich gemacht! Neapel ist seine Heimat, er kennt sich überall super aus und außerdem ist es ihm zu verdanken, dass es das Mamma Lina und uns überhaupt gibt!

Von Carmine auf Michele zu sprechen zu kommen, ist gar nicht so einfach – aber wichtig! Michele Arsuto hat Angelo vor vielen Jahren in der Gourmetküche vom noblen Hotel Dollenberg kennengelernt, wo beide mal gearbeitet haben. Angelo als Azubi, Michele als Profi. Super Typ, der es fachlich richtig drauf hat. Heute ist er Küchenchef und gute Seele im Mamma Lina – und hat gemeinsam mit Sous Chef Gennaro Bilancione ganz viel zu diesem Buch beigetragen. Die Rezepte alle noch mal testen, die Angaben überprüfen, die 1000 Nachfragen von den Tietges: stark, danke!
Wir wussten natürlich vom Pizza-Buch noch, was mit einer Buchproduktion auf uns zukommt – vor allem, wenn es richtig gut wer-

Zu Gast im Mamma Lina: Mit Farid Fazel, Mario Aliberti und Francesco d'Agostino durften wir drei großartige Köche bei unserer jüngsten Küchenparty begrüßen – und jeder steuerte ein Gericht zu unserem Buch bei

den soll. Aber: Wir haben auch gelernt. Fürs Pizza-Buch haben wir uns nachts getroffen. Nach Mitternacht haben wir eine Pizza nach der anderen in unseren holzgefeuerten Ofen geschoben und bis in die frühen Morgenstunden fotografiert.

Fürs Pasta-Buch haben wir das Mamma Lina verlassen können und sind zu Michael Huber, der in Ettenheim mit seinen Schwarzwald Küchen eines der schönsten Küchenstudios überhaupt hat. Für ein paar Wochen durften wir das Küchenatelier in ein Fotostudio verwandeln. Transporterweise haben wir Material nach Ettenheim gebracht. Teller und Textilien, Requisiten und Hintergründe, Blitzanlage und Kameratechnik – man kann sich kaum vorstellen, wie viel Zeugs man braucht, um ein paar Nudeln ins rechte Licht zu rücken. An dieser Stelle einen herzlichen Dank an Michael und an sein Team: Es war schön, bei Euch zu sein!

Dass in Ettenheim alles so gut geklappt hat, ist übrigens vor allem Jana Vuckovic vom team tietge zu verdanken, die wie beim Pizzabuch als Projektleiterin eine ganz tolle Arbeit geleistet hat. Alles bestens organisiert, an jede Eventualität gedacht und das Ganze ruhig und gelassen: Das war mega!

Ein ganz besonderer Dank gebührt Dimitri Dell, der die fantastischen Fotos für dieses Buch gemacht hat. Krank der Typ! Was der mit seiner Kamera und dem Licht kann, das ist Hammer! In einer unfassbaren Seelenruhe kümmert er sich ums Foodstyling und die Dekoration und ist erst dann zufrieden, wenn mindestens ein Bild perfekt ist. Meist waren es mehrere und wir hatten die Qual der Wahl, aber auch das spricht natürlich für Dimi, unseren Fotogott. Es war eine Freude, mit ihm zu arbeiten! Eine tolle Erfahrung, die uns schon jetzt an Risotto con Amore oder Dolce per Amici denken lässt …
Unterstützt wurden Dimitri und Jana bei den Shootings von Jasmin Fehninger, Steffi Fischer, Samira Neuberg und Hannah Asprion. Sie alle haben ihren Teil beigetragen und uns geholfen, dieses Buch zu schreiben. Genauso wie Sophie Radix, Sarina Doll, Verena Vogt und Carolin Weißer, die in der Redaktion und mit dem Lektorat einen tollen Job gemacht haben. Danke dafür!

'87

Strahlende Gesichter: die Tortoras mit Autor Harald Rudolf (2. v. l.) und Verleger Ulf Tietge auf dem Markt von Porta Nolana

Die Reportagen aus Neapel stammen aus der Feder von Harald Rudolf, der unsere Eindrücke fantastisch aufgenommen und zu tollen Texten verarbeitet hat. Mega, dass wir ausgerechnet ihn mit nach Neapel nehmen konnten – denn einerseits spricht er fließend italienisch, andererseits hat er ein Faible für die besonderen Beziehungen von Deutschen und Italienern – das zeigen sein Roman und sein wechselseitiger Fremdenführer über Offenburg und die Partnerstadt Pietra Ligure.

Ein herzliches Dankeschön geht natürlich auch an die Familie Moccia, die uns in Gragnano so viel über Pasta erzählen konnte und an Giovanni Russo und sein Team von La Rosina. Vielen Dank auch an Peppe di Napoli, der uns in seinem Restaurant mit Langusten an Paccheri bekochen ließ – das werden wir nie vergessen!

Bedanken möchten wir uns bei unseren Partnern, vor allem bei Ernst-Jürgen Wackenhut, der uns als Mobilitätspartner seit Jahren unterstützt. Wir sind sehr dankbar für diese tolle Zusammenarbeit! Als wir während der Corona-Pandemie vom Restaurant zum Lieferdienst mit Essen auf Rädern wurden, hat er uns sofort geholfen. Dass wir jetzt auch noch bei Wackenhut ein kleines Restaurant betreiben dürfen, ist mega und daher können wir Euch Wackenhut in Sachen Mobilität nur umso mehr ans Herz legen.
Ähnlich lange an unserer Seite sind Accursio Giandalia und Domenico di Bari von Sapros in Karlsruhe. Dort kaufen wir die allermeisten Zutaten, die im Mamma Lina Verwendung finden. Mit eigenen Kühlfahrzeugen beliefert Sapros ganz Süddeutschland mit wirklich toller Qualität. Accursio ist aber nicht nur ein toller Lieferant für handgemachte Pasta und viele andere italienische Spezialitäten, sondern längst auch ein guter Freund. Auch daher möchten wir jedem ans Herz legen, mal selbst bei Sapros in Karlsruhe einzukaufen. Das können nämlich nicht mehr nur Gastronomen! Sapros hat auch einen Werksverkauf direkt am Großmarkt in Karlsruhe. Ab morgens früh von 4 bis 11 Uhr gibt es hier täglich das volle Sortiment zu guten Preisen. Sehr empfehlenswert, sich da mal einzudecken! Wer mehr wissen will, schaut einfach mal auf der Website vorbei: www.sapros.de

Bleibt noch einer. Unser Verleger, Ulf Tietge, der Gründer von team tietge aus Offenburg. Foodverrückt und neugierig. Begeisterungsfähig und open minded. Ein Macher und Antreiber. Der vielleicht rasanteste Mietwagenfahrer in ganz Neapel und einer, der immer an uns geglaubt hat. Dafür und für all das, was du sonst noch möglich gemacht hast: Vielen, vielen Dank, lieber Freund!

Baden-Baden im September 2023
Angelo und Roberto Tortora

EIN KOCHBUCH KOMMT SELTEN ALLEIN …

NACHSCHLAG **GEFÄLLIG?**

Der zweite Band aus der Küche der Tortoras kommt nicht allein daher. Die Bühne vorbereitet hat Pizza con Amore, unser Kompendium neapolitanischer Pizzen. Wir haben aber außer Pasta und Pizza noch mehr im Angebot. Viel Spaß beim Stöbern in der Heimatküche und den neuen Bänden unserer Schwarzwald-Reloaded-Reihe!

Pizza con Amore
Next Generation Pizza: Dafür stehen die Tortoras aus Baden-Baden und beweisen: Die Pizza-Welt hat so viel mehr zu bieten als Prosciutto, Salami oder Tonno! In ihrem ersten Buch verraten die Tortora-Brüder das Geheimnis der spannendsten Pizzen unserer Zeit: ein perfekter, softfluffiger Teig nach uralter neapolitanischer Pizza-Tradition (im Buch Step by Step erklärt) und das Belegen der rot, weiß, gelb oder auch lila gebackenen Pizzen, NACHDEM sie aus dem Ofen kommen. So entstehen neue Kreationen: die Veggie Rossa mit Rote-Bete-Carpaccio, die Bud Spencer mit Hackbällchen, die bezaubernde Sophia Loren mit Räucherlachs und frischer Avocado oder die Giallo nach dem Geschmack von Mamma-Lina-Fan Thomas Gottschalk. PIZZA CON AMORE – das sind 60 Rezepte voller Ideenreichtum, Kreativität und Freude am guten Geschmack.

208 Seiten, 24,80 Euro, Hardcover.
ISBN 978-3-949346-03-3

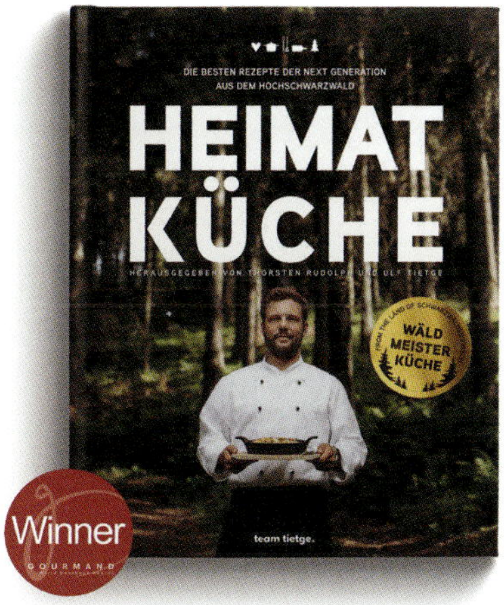

Heimatküche
Weltoffen, heimatverbunden, jung und kreativ: Das ist die Küche der Next Generation – ein Zusammenschluss aus neun befreundeten Köchen aus dem Hochschwarzwald. Sie verbindet die Liebe zur Heimat, zu gutem Essen und ihrem Beruf: Alle haben die Häuser ihrer Familien übernommen und mit pfiffigen Ideen in eine neue Zeit geführt, ohne dabei ihre Wurzeln zu vergessen. So einzigartig wie sie selbst ist auch das erste gemeinsame Kochbuch geworden: HEIMATKÜCHE – mit 50 leckeren Rezepten und jeder Menge spannender Einblicke in die junge Gastro-Welt.

240 Seiten, 29,80 Euro, Hardcover. ISBN 978-3-949346-04-0

Schwarzwald Reloaded IV – Das Veggie-Kochbuch
Moderne Schwarzwald-Küche hat mehr zu bieten als Bibeleskäs mit Brägele! Ob herzhaft, schlotzig oder raffiniert: Unser Veggie-Kochbuch eröffnet als vierter Band der *Schwarzwald-Reloaded*-Reihe eine Welt voller neuer Möglichkeiten. Heimatverliebt und naturverbunden geht es kreuz und quer durch den Garten und über den Wochenmarkt. Und siehe da: Vegetarische Heimatküche strotzt nur so vor Kreativität. Mit einfachen oder feinen Rezepten aus frischen Zutaten oder Plant-based-Meat-Produkten macht *Schwarzwald Reloaded IV* jeden glücklich, der Freude an gutem Essen hat!

256 Seiten, 29,80 Euro, Hardcover. ISBN 978-3-949346-02-6

Schwarzwald Reloaded V – Das Vesperbuch
Kalt oder warm? Schnell oder mit Muße? Egal, Hauptsache lecker! Für das große Vesper-Buch hat das *Schwarzwald-Reloaded*-Team kulinarische Traditionen aus dem genussverliebten Südwesten aufgegriffen und neu interpretiert. Es gibt Lieblingsrezepte und Seelenfutter, neue Ideen und viel Grundlagenwissen. Die mehr als 90 abwechslungsreichen Kreationen sind leicht nachvollziehbar beschrieben und anschaulich fotografiert. Dazu gibt es viele Tipps, spannende Reportagen und so viele köstliche Antworten auf die Frage aller Fragen: Was gibt's heute Abend zu essen?

240 Seiten, 34,80 Euro, Hardcover. ISBN 978-3-949346-05-7